Neville Symington
Wege zur Partnerschaft

D1997022

Neville Symington war Mitglied des Scientific Committee des Londoner Instituts für Psychoanalyse, »Chairman of Psychology Discipline in the Adult and Adolescent Department« der berühmten Tavistock-Klinik und Direktor der »Camden Psychotherapy Unit«. Seit 1987 lebt und arbeitet Symington in Sydney, Australien. Zahlreiche Buch- und Zeitschriftenveröffentlichungen.

Neville Symington

Wege zur Partnerschaft

Narzißtische Störungen und ihre Überwindung
Eine neue Theorie

Aus dem Englischen von Brigitte Flickinger

Steidl

Titel der englischen Originalausgabe:
»Narcissism. A New Theory«, erschienen bei
H. Karnac (Books) Ltd., London 1993
© Copyright Neville Symington July 1993,
2nd reprint November 1993.
Represented by the Cathy Miller Rights Agency, London.

1. Auflage September 1995

© Copyright für die deutsche Ausgabe:
Steidl Verlag, Göttingen 1995
Umschlaggestaltung: Klaus Detjen
Alle deutschen Rechte vorbehalten
Satz, Scanlithos, Druck, Bindung:
Steidl Verlag, Düstere Straße 4, D-37073 Göttingen
Printed in Germany
ISBN 3-88243-369-8

Für Andrew

Inhalt

Vorwort

Dies kleine Buch kam auf folgende Weise zustande: Vor etwa fünf Jahren begann ich, über das Thema Psychoanalyse und Religion zu arbeiten, und entdeckte dabei sehr bald, daß Narzißmus das Bindeglied zwischen diesen beiden Gebieten ist. Da ich nur eine sehr unklare Vorstellung davon hatte, was Narzißmus ist, nahm ich mir vor, täglich zwanzig Minuten über dieses Thema nachzudenken. Das tat ich am Computer, also tippte ich beim Denken. Während ich dachte und schrieb, begann sich ein eigenartiges Geschöpf in meinem Kopf zu entwickeln. Nach Ablauf eines Jahres hatte diese Bemühung mein Verständnis von Psychoanalyse radikal verändert. Also hatte das Projekt sein Ziel erreicht. Mir kam nicht ein einziges Mal in den Sinn, daß jemand anderes als ich selbst der Nutznießer dieses konzeptionellen Umbaus sein könnte.

Als ich später in Sydney in einer Gremiumssitzung des Instituts für Psychoanalyse saß, in der wir entscheiden sollten, welche Vorlesungen und Workshops wir im nächsten Studienjahr anbieten könnten, kam mir zögernd der Gedanke, ich könnte vielleicht dieses noch unausgegorene Nachdenken über Narzißmus als Vorlesungsreihe ankündigen. Ich ging nach Hause, stellte den Computer an und sah, daß ich im großen und ganzen genügend Material für zehn Vorlesungen beisammen hatte. Glücklicherweise hatte ich meine Überlegungen beim Nachdenken unter Überschriften zusammengefaßt, und jeder dieser Abschnitte wurde zum Gegenstand einer Vorlesung. Als ich bei der nächsten Sitzung diesen Vorschlag machte, erhielt ich die volle Unterstützung meiner Kollegen.

Die Vorlesungen wurden, glaube ich, ein Erfolg. Sie fanden in einem mittelgroßen Seminarraum im Gebäude des Sydneyer Instituts statt. Mit vierundzwanzig Teilnehmern und Teilnehmerinnen war die maximale Kapazität erreicht, so daß ich im folgenden Jahr die Vorlesungsreihe wiederholte; wieder gab es ebenso viele Zuhörer. Da ich die Vorlesung zum zweitenmal hielt, konnte ich einige Begriffe noch genauer klären. Das meiste, was ich geschrieben habe, ist aus dem gesprochenen Wort entstanden, und ich erhielt die Rückmeldung, vor allem meine einfache Ausdrucksweise spreche die Leute an. So kam ich während der zweiten Vorlesungsreihe auf die Idee, aus dem gesprochenen Wort beschriebene Seiten zu machen, und ließ die Vorlesungen deshalb auf Band aufnehmen. Ich arbeitete gerade an einem anderen Buch, so daß mir die Zeit fehlte, dieses Material selbst für den Druck vorzubereiten. Aber ich hatte das Glück, eine Herausgeberin zu finden, die viel Arbeit investierte, um das, was ich vorgetragen hatte, druckreif zu machen – ohne daß dabei, wie ich glaube, mein persönlicher Vortragsstil verlorenging.

Die meisten, doch nicht alle, die diese Vorlesung hörten, waren Psychotherapeuten; ich erwartete von ihnen keine Vorkenntnisse, was die psychoanalytische Literatur über Narzißmus anging. Nur ein Buch bat ich sie zu lesen: Lew Tolstojs *Anna Karenina,* was auch fast alle, noch bevor die Vorlesung begann, taten. Mit Ausnahme einer einzigen Stelle habe ich vermieden, direkt darüber zu sprechen, wie die zur Diskussion gestellte Theorie in eine wirkungsvolle therapeutische Deutung umzusetzen sei, denn man kann einem Psychotherapeuten nicht vorschreiben, was er sagen soll. Statt dessen hoffe ich, daß einige Dinge heranreifen und zu gegebener Zeit neue Deutungen hervorbringen werden.

Ich möchte dem Institut für Psychoanalyse in Sydney für die großzügige Förderung dieser Vorlesungen danken, ebenso den Fachleuten für seelische Gesundheit, die daran teilgenommen haben. Einige sehr wertvolle Hinweise aus diesem Kreis sind in das Buch eingegangen. Nach jeder Vorlesung gab es etwas Zeit zum Diskutieren; einige der Diskussionspunkte sind jetzt fester Bestandteil meines Buches. Ich danke Gillian Hewitt, die das ganze Manuskript herausgegeben hat und ohne deren Hilfe es niemals ein Buch geworden wäre. Ferner danke ich

Elaine Menzies, die die Vorlesungen nach Band getippt hat. Diese Arbeit wäre ohne die Loyalität und das Engagement meiner Sekretärin Roslyn Pullen und ihres Mannes Neil bereits in den Anfängen steckengeblieben. Sie nahm mir die mühsamsten Pflichten ab, so daß ich Kopf und Zeit für die Vorbereitung dieses Buches zur Verfügung hatte. Ich danke auch Herrn Cesare Sacerdoti von Karnac Books für die Begeisterung, mit der er sich für mein Projekt einsetzte und mich dazu ermutigte. Nicht zuletzt möchte ich meiner Frau Joan danken; sie reagierte mit Enthusiasmus, als ich den Vorschlag machte, meine unausgegorenen Gedanken über Narzißmus zu einer Vorlesungsreihe auszuarbeiten. Sie ist immer meine beste Kritikerin gewesen und hat mich auch diesmal nicht im Stich gelassen. Wenn das Buch ein Erfolg ist, so schreibe ich das weitgehend ihr zu. Ohne die Beziehung zu ihr hätte ich meine Vorstellungen gar nicht erst formuliert: So gilt ihr mein herzlicher Dank.

Einleitung

Als Lew Tolstoj *Anna Karenina* schrieb, war der Begriff Narzißmus noch nicht geprägt, doch war das Phänomen durchaus bekannt, und ich bin der Meinung, daß Tolstoj es auf einzigartige Weise erfaßt hat. Da ich in verschiedenen Kapiteln aus diesem Buch zitieren werde, möchte ich die Handlung kurz zusammenfassen. Es versteht sich, daß mein Resümee selektiv ist und von einem Literaturwissenschaftler in dieser Form nicht gutgeheißen würde. Ich habe für die Inhaltsangabe diejenigen Elemente ausgewählt, die meinen Gegenstand am besten illustrieren und die, wie ich hoffe, die nachfolgenden Zitate verständlich machen.

Der Roman dreht sich um drei Paare: Anna und ihren Ehemann Karenin, Oblonskij (zuweilen Stiwa genannt) und seine Frau Dolly sowie Kitty und Lewin. Zu diesen Paaren kommt noch Wronskij hinzu, der mit Anna durchbrennt, nachdem er anfänglich Kitty den Hof gemacht hat. Oblonskij und Anna sind Bruder und Schwester, Kitty und Dolly sind Schwestern, und auf diese Weise sind die drei Paare miteinander verbunden. Der Roman beginnt mit Dollys Erschütterung, als sie entdeckt, daß ihr Mann, Oblonskij, ein Verhältnis mit der französischen Gouvernante hat. Um eine Versöhnung mit Dolly herbeizuführen, bittet Oblonskij seine Schwester Anna, aus Petersburg zu kommen und eine Zeitlang bei ihnen in Moskau zu bleiben. Anna gelingt die erhoffte Aussöhnung, doch während ihres Aufenthaltes soll ein großer Ball stattfinden. Kitty ist in Wronskij verliebt, einen Flügeladjutanten, der ihr den Hof macht. Gerade hat sie einen Heiratsantrag von Lewin abgelehnt. Tolstoj gibt dem Leser zu verstehen, daß Lewin der ehrenwertere Kandidat, Wronskij hingegen ein Luftikus ist. Auf dem Ball sind alle gespannt, wie Wronskijs Werben um Kitty ausgehen wird. Kittys Eltern und die ganze Familie erwarten, daß Wronskij um Kittys Hand anhalten werde. Statt dessen läßt Wronskij

Kitty links liegen, demütigt sie und wendet sich ausschließlich Anna zu, die sich voll und ganz auf diese *grande passion* einläßt.

Wieder in Petersburg, beginnt Anna eine Liaison mit Wronskij. Karenin, ihr Ehemann, immer darauf bedacht, Haltung zu bewahren, tadelt Anna für ihr Benehmen in der Öffentlichkeit und verschließt zugleich die Augen vor der Tatsache ihrer Liebesaffäre. Schließlich platzt Anna damit heraus, daß sie Wronskijs Geliebte ist. Karenin verlangt von ihr, sich nach außen hin nichts anmerken zu lassen, damit die Dienstboten keinen Verdacht schöpfen. (Das ist der *Beweis* für Karenins hartnäckige Blindheit; Diener wissen immer lange vor ihren Herren Bescheid und brauchen über derartige Dinge nicht aufgeklärt zu werden.) Dann wird Anna schwer krank und ist dem Sterben nahe. Sie läßt Karenin rufen; im Angesicht des Todes ist sie mit ihm fast versöhnt und erklärt, es gebe in ihr eine andere Frau, vor der sie sich fürchte; diese innere Frau sei es, die sich in Wronskij verliebt habe. Wronskij, der von Karenin beschämt und fortgeschickt wird, versucht, sich zu erschießen, stirbt jedoch nicht, obgleich er schwer verwundet ist. Anna wird wieder gesund, und mit ihrer Genesung kehrt der frühere Haß gegen Karenin zurück; aus einem Impuls heraus brennt sie mit Wronskij durch und macht mit ihm eine große Reise, unter anderem nach Italien. Schließlich kehrt sie auf sein Landgut in Rußland zurück und lebt dort mit Wronskij zusammen.

Lewin wirbt weiter um Kitty, und eines Tages kommt es durch Oblonskijs Vermittlung zu einer Annäherung; die beiden verloben sich. Die zögernde Annäherung dieses schüchternen, aber mutigen Paares gehört zu den bewegendsten Beschreibungen in diesem Buch. Kurz nach der Heirat erhält Lewin die Nachricht, daß sein Bruder Nikolaj im Sterben liegt, und teilt mit, daß er sofort zu ihm fahren muß. Kitty sagt, sie wolle ihn begleiten. Zunächst lehnt Lewin ab, doch Kitty besteht darauf, und sie begeben sich zusammen zu einem schäbigen Gasthof in einer weit entfernten Provinzstadt, wo Kitty sich mit aller Fürsorglichkeit, derer sie als Frau fähig ist, um Nikolaj kümmert. Sie steigt damit in Lewins Achtung, und der Leser versteht, welchen emotionalen Gewinn Kittys Entschlossenheit mit sich gebracht hat. Der Leser ist Zeuge des menschlichen Lebensdramas, das in dieser Ehe aufgerollt wird: am Anfang die Enttäuschung, zurückgewiesen zu werden, dann das schüchterne Werben, die Sorgen während der Verlobungszeit, der Tod von Lewins Bruder, die Geburt ihres Kindes. Lewin kämpft darum, den Sinn des Lebens zu begreifen, wird von Selbstmordgedanken geplagt und »lebte doch weiter«, wie Tolstoj uns sagt. Am Ende des Buches hat Lewin den Sinn gefunden; ihm ist der Übergang von der Sinnlosigkeit zum Sinn gelungen.

Anna dagegen ist von der Frage besessen, ob Wronskij sie liebt oder nicht. Das leiseste Zeichen seiner Ablenkung von ihr deutet sie gleich als das Schlimmste. Ihre Qual nimmt immer mehr zu, schließlich tötet sie sich selbst, indem sie sich vor einen Zug wirft – und »die Kerze begann zu flackern, wurde schwächer und erlosch für immer«. (Ich stelle die geistige Haltung von Kitty und Lewin der Haltung von Anna und Karenin gegenüber, um die narzißtischen Züge zu erklären, die bei beiden Paaren vorhanden, bei Anna und Karenin jedoch so viel gravierender und tiefer verwurzelt sind. Ich betrachte Wronskij als den internalisierten Vergewaltiger, der die seelischen Prozesse bei beiden Paaren beeinflußt; beim letzteren hat er Erfolg, beim ersten scheitert er jedoch. Dolly und Oblonskij nehmen meiner Meinung nach eine Mittelstellung zwischen den beiden anderen Paaren ein.)

Diese Zusammenfassung der Handlung ist nur ein schaler Ersatz für die Lektüre oder die erneute Lektüre von *Anna Karenina,* wozu ich den Leser, wenn er die Zeit dazu hat, ermutigen möchte; doch sollte das Resümee ausreichen, um die Zitate aus dem Roman und meine Verweise auf ihn einordnen zu können.

Eines der Schlüsselworte, das ich hier zur Erklärung von Narzißmus verwende, ist der Begriff des *Lebensspenders [life-giver]* – ein seelisches Objekt, für das sich das Bewußtsein auf einer ganz tiefen Ebene entscheiden oder das es auch ablehnen kann. Ich bin mir bewußt, daß ich damit eine teleologische Ursache voraussetze, was vielen Psychoanalytikern ein Greuel sein wird. Vor allem Psychologen und Philosophen, die an Freud und an der Psychoanalyse interessiert sind, könnten an diesem in ihren Augen »unwissenschaftlichen Eindringling« Anstoß nehmen. Mein Vorschlag wäre, ihn nicht einfach rundweg abzutun. Ich möchte diejenigen Wissenschaftler, die darauf bestehen, psychologische Phänomene allein aus kausalen Wirkungszusammenhängen zu erklären, bitten zu bedenken, daß ein solches Modell für die Erklärung klinischer Phänomene, die Psychoanalytiker bei ihrer täglichen Arbeit zu verstehen versuchen, nicht genügen kann. Es ist mir in letzter Zeit klarer geworden, daß zwischen den Theorien, die von Klinikern in der Praxis angewandt werden, und der Psychoanalyse, wie sie an den Universitäten gelehrt wird, eine große Kluft besteht.

Für mich ist diese Narzißmusstudie ein praktisches Unternehmen, mit dem Ziel, den Schmerz von Patienten zu verstehen, die an diesem Zustand leiden. Jahrelang war ich der Überzeugung, narzißtische Patienten seien Menschen, die in einer frühen Phase ihrer Entwicklung traumatisiert worden sind, und daß dies allein ausreiche, ihren narzißtischen Zustand zu erklären. Heute bin ich überzeugt, daß die kindlichen Traumata die Entstehung von Narzißmus nur unzureichend erklären können; ich meine, daß die Ursache des Narzißmus nicht im Trauma selbst liegt, sondern in der Reaktion des Individuums auf das Trauma. Das Individuum, das dem Kliniker begegnet, hat eine emotionale Beziehung zu seinem Trauma. Die Person reagiert auf Ereignisse ihres Lebens, und dieses entscheidende Element habe ich – zum Schaden der Patienten – viele Jahre lang außer acht gelassen. Seit ich begann, in der Richtung weiterzudenken, die ich in diesem Buch einschlage, konnte ich Narzißmus sehr viel wirkungsvoller behandeln. Den von mir aufgestellten Thesen liegt eine Theorie emotionalen Handelns zugrunde. Ich bin mir bewußt, daß manche meiner Formulierungen noch unscharf sind; doch, wie ich oben bereits sagte, hat sich mein ganzes Verständnis der Psychoanalyse radikal gewandelt, ohne daß ich bisher imstande gewesen wäre, eine theoretische Sprache zu entwickeln, in der sich manche dieser Vorstellungen ausdrücken ließen. Ich glaube, daß die Grundstruktur unseres Bewußtseins im emotionalen Handeln liegt, daß dieses emotionale Handeln auf ein Objekt gerichtet ist, das seinerseits mental ist, und daß der Ursprung dieses Handelns im Ich liegt. Eine solche Aktivität läßt sich nicht fühlen, aber man kann sie wissen. Diese Theorie tritt an die Stelle von Freuds Instinkt- oder Triebtheorie, denn ich bin sicher, so wie diese konzipiert ist, würde ein Festhalten an ihr unser Verständnis von der emotionalen Aktivität des Bewußtseins behindern. Eine Menge Denkarbeit ist noch nötig, um die neue Begrifflichkeit in einen sinnvollen psychologischen Rahmen zu stellen.

Erstes Kapitel

Die Ausgangslage

Unsere Aufgabe lautet: Wir wollen verstehen, was Narzißmus ist. Ich denke weiterhin über das Thema nach und bin mit manchem, was ich hier vorzutragen habe, noch unzufrieden. Der Grund dafür liegt meiner Ansicht nach zum Teil in der Vorstellung von Geist und Seele, mit der wir arbeiten. Zweifelsohne ist für die meisten von uns, für Psychoanalytiker wie für diejenigen, die durch die psychoanalytische Theorie beeinflußt sind, das zur Verfügung stehende Modell von Geist und Seele unzulänglich, um das Phänomen des Narzißmus zu erklären. Es bedürfte daher umfangreicher Vorarbeiten, um ein Modell zu entwerfen, das dieses Phänomen begreifbar macht.

Nach James Strachey geht das Wort »Narzißmus« auf die Sexologen Havelock Ellis und Paul Näcke zurück. Havelock Ellis verwendete 1898 den Ausdruck »wie ein Narziß«, und im folgenden Jahr führte Paul Näcke das Wort »Narzißmus« ein. In den vergangenen neunzig Jahren wurde Narzißmus zu einem gängigen Begriff; in der analytischen Literatur gebraucht man den Terminus angesichts der häufigen Beschäftigung mit diesem Thema mehr als jeden anderen.

Der Mythos des Narkissos

In seinem Buch *Griechische Mythologie* erzählt Robert von Ranke-Graves (1960) den Mythos des Narkissos:

> Der Thesper Narkissos war der Sohn der blauen Nymphe Leiriope, die der Flußgott Kephissos einst mit seinen gewundenen Flüssen umschlungen und hernach vergewaltigt hatte. Der Seher Teiresias sagte Leiriope, die ihn als erste um Rat fragte: »Narkissos wird sehr alt werden – aber nur, wenn er sich niemals selber kennt.«

(Sie werden sich erinnern, daß der alte, blinde Seher Teiresias in der Geschichte des Ödipus vorkommt.) Die Prophezeiung, er werde »sehr alt werden – aber nur, wenn er sich niemals selber kennt«, ist entscheidend, will man die Bedeutung von Narzißmus erfassen.

> Es war verständlich, daß sich jeder in Narkissos verliebte, selbst als er noch ein Kind war. Mit sechzehn Jahren bereits wies er herzlos die Liebe von Männern und Frauen zurück; er war von trotzigem Stolz auf seine eigene Schönheit erfüllt.
>
> Auch die Nymphe Echo verliebte sich in ihn. Echo war mit dem Verlust ihrer Sprache bestraft worden – sie konnte nur die Rufe anderer nachschwätzen –, weil sie Hera einst mit langen Geschichten unterhielt, so daß die Konkubinen des Zeus, die Bergnymphen, ihrem eifersüchtigen Auge entwischen konnten. Eines Tages ging Narkissos zur Hirschjagd. Echo folgte ihm leise durch den weglosen Forst und wollte mit ihm sprechen. Sie konnte aber das Gespräch nicht selbst beginnen. Endlich rief Narkissos, als er sich verirrt hatte: »Ist jemand hier?«
>
> »Hier!« antwortete Echo zur Verwunderung des Narkissos, da er niemanden sehen konnte.
>
> »Komm!«
>
> »Komm!«
>
> »Warum meidest du mich?«
>
> »Warum meidest du mich?«
>
> »Laß uns hier zusammenkommen!«
>
> »Laß uns hier zusammenkommen!« wiederholte Echo. [S. 259 f.]

Es ist bezeichnend, daß Narkissos im Mythos Echo begegnet. Ein Charakteristikum der Person, die von narzißtischen Zügen beherrscht wird, besteht gerade darin, das Echo eines anderen zu sein, und dieses Echo ist möglicherweise recht raffiniert.

Man hat als Psychoanalytiker oder Psychotherapeut einige Mühe zu erkennen, wann ein Patient gerade einen Dialog nach narzißtischem Muster führt.

»Laß uns hier zusammenkommen!« wiederholte Echo und rannte voller Freude aus ihrem Versteck, um Narkissos zu umarmen. Roh schüttelte er sie von sich und lief davon. »Ich würde eher sterben, als mit dir liegen!« rief er.

»Mit dir liegen!« flehte Echo.

Doch Narkissos war bereits fortgegangen, und sie verbrachte den Rest ihres Lebens in einsamen Schluchten. Dort siechte sie vor Liebeskummer dahin, bis nur ihre Stimme zurückblieb.

Eines Tages sandte Narkissos ein Schwert zu Ameinios, seinem aufdringlichen Bewerber. Nach diesem ist der Fluß Ameinios, ein Nebenfluß des Helisson, der in den Alpheios mündet, benannt. Ameinios tötete sich auf der Türschwelle des Narkissos und rief die Götter an, seinen Tod zu rächen.

Artemis hörte die Bitte und strafte Narkissos mit unerfüllbarer Selbstliebe. Zu Donakon in Thespien fand er eine Quelle, klar wie Silber. Noch nie war sie von Vieh, Vögeln, wilden Tieren oder selbst von den fallenden Zweigen der Bäume, die sie beschatteten, gestört worden. Er warf sich erschöpft nieder. Da verliebte er sich in sein eigenes Spiegelbild. Zuerst versuchte er den schönen Knaben, den er im Wasser vor sich sah, zu umarmen und zu küssen. Aber bald erkannte er sich selbst, lag da und schaute Stunde um Stunde verzückt auf das Wasser. Wie konnte er es ertragen, seine Liebe zu besitzen und doch nicht zu besitzen? Kummer quälte ihn endlos, doch er erfreute sich an der Qual. Wenigstens wußte er, daß sein Bildnis ihm treu bliebe, was immer auch geschehe.

Echo hatte Narkissos nicht vergeben, doch sein Leid erfüllte sie mit Schmerz. Als er sich einen Dolch in die

> Brust stieß, echote sie: »Weh! Weh!«; und als er dann starb: »O Jüngling, Geliebter, lebe wohl!« Sein Blut tränkte die Erde. Ihr entsprang die weiße Narzisse mit ihren rotgelben Herzblättern. [S. 260]

Positiver und negativer Narzißmus

Ich möchte jetzt ein paar Worte über positiven und negativen Narzißmus sagen. Es hat sich eingebürgert, in dieser Weise über Narzißmus zu sprechen und diese beiden Aspekte als verschiedene Entitäten zu behandeln. Ich halte das für einen Fehler, denn Positives und Negatives treten immer zusammen auf, das eine existiert nicht ohne das andere. Möglicherweise handelt es sich nur um ein semantisches Problem, wenn beispielsweise jemand, der Selbstachtung oder Selbstvertrauen meint, von positivem Narzißmus spricht. Ich würde das jedoch nicht positiven Narzißmus nennen, weil das zu Mißverständnissen führen kann. C. S. Lewis (1988) unterscheidet in seiner Autobiographie *Überrascht von Freude* zwischen Egozentrik und Egoismus; auf diese Unterscheidung kommt es hier an.

> Das ist mein Ideal, und (beinahe) war das auch die Wirklichkeit: ein »geregeltes, ruhiges, epikureisches Leben«. Ohne Zweifel war es nur gut für mich, daß ich durchweg davor bewahrt wurde, ein solches Leben zu führen, denn es ist ein fast völlig egoistisches Leben. Egoistisch, nicht egozentrisch; denn in einem solchen Leben hätte ich mich für tausend Dinge interessiert, die alle außerhalb von mir selbst liegen. Diese Unterscheidung ist nicht unwichtig. Einer der glücklichsten Menschen und angenehmsten Zeitgenossen, die ich je kennengelernt habe, war höchst egoistisch. Andererseits kannte ich Leute, die zu wahren Opfern fähig waren und deren Leben trotzdem für sie selbst und für andere eine Qual war, weil Selbstbezogenheit und Selbstmitleid all ihr Denken erfüllte. Beide Zustände zerstören letzt-

lich die Seele. Aber letzten Endes ist mir der immer noch lieber, der sich von allem das beste nimmt (auch auf meine Kosten) und dann über andere Dinge redet, als der, der mir dient und über sich selbst redet und dessen Freundlichkeiten ein beständiger Vorwurf sind, eine beständige Aufforderung zu Mitleid, Dankbarkeit und Bewunderung. [S. 116 f.]

Zwar drückt Egozentrik nicht ganz das aus, was unter Narzißmus zu verstehen ist; nehmen wir sie aber einmal als eine vorläufige Definition, dann sehen wir, daß es bis zu einem gewissen Grade sinnvoll ist, von »gesundem Egoismus« zu sprechen. Andererseits wäre es sinnlos, von gesunder Egozentrik zu reden. Wenn mit positivem Narzißmus Selbstvertrauen gemeint ist, na gut, doch Selbstvertrauen ist kein Narzißmus. In der Welt der Psychoanalyse besteht eine riesige Sprachverwirrung – mit der Folge, daß die Leute häufig aneinander vorbeireden.

Das Versagen der Psychotherapeuten bei der Behandlung von Narzißmus

Ich glaube, daß wir Psychotherapeuten da, wo es um Narzißmus geht, weitgehend versagt haben. Es gibt verschiedene Kriterien, die auf Narzißmus hindeuten, eines davon ist die Fähigkeit, Kritik anzunehmen. Man könnte denken, daß jemand, der eine intensive Psychotherapie durchlaufen hat, imstande sein müßte, mit Kritik umzugehen, doch das ist häufig nicht der Fall. Viele von uns kommen aus der Psychotherapie – sogar einer sehr langen Psychotherapie oder Psychoanalyse – und leiden immer noch an schweren narzißtischen Störungen. Manchmal sind solche Störungen lähmend. Das ist ein ernstzunehmendes Problem; ich gehe noch weiter und behaupte, daß die meisten seelischen Störungen narzißtischen Ursprungs sind.

Mehrmals habe ich Patienten behandelt, die bereits frühere Analysen oder Therapien hinter sich hatten, und ich war in einigen Fällen verblüfft, daß dabei, soweit ich sehen konnte, Narzißmus nicht einmal angesprochen worden war. Vor einigen Jahren hielt ein Analytiker aus London, Sydney Klein, vor Analytikern privat einen Vortrag über Autismus. In diesem Vortrag sagte er, er habe im Laufe der Jahre ungefähr sechzehn Analysen durchgeführt, bei denen es sich um Zweit- oder Drittanalysen handelte; in allen diesen Fällen habe er einen, wie er das nannte, autistischen Bereich entdeckt, der von den früheren Analysen unberührt, jedenfalls ungelöst geblieben war. Ich glaube, daß Narzißmus und Autismus klinisch eine einheitliche Entität bilden; doch das will ich später untersuchen.

Karl Abraham hat gesagt, das Ziel der Psychoanalyse sei es, auf dem Grunde der Persönlichkeit Ordnung zu machen und das Individuum gegen spätere seelische Krankheiten abzusichern. Das ist offensichtlich ein Ideal, hinter dem wir mit unserer Arbeit notwendig zurückbleiben müssen, doch nach meiner Beobachtung bleiben wir sehr weit dahinter zurück. Ich glaube, daß wir sogar das Ideal aus den Augen verloren haben und uns mit einer Besserung der Symptome zufriedengeben. Es ist durchaus möglich, daß sich jemand nach einer Therapie sehr viel besser fühlt, auch wenn in ihr narzißtische Probleme nicht angesprochen wurden; im Falle einer Krise wird der Betreffende aber wieder einer Therapie bedürfen.

Es ist wichtig, narzißtische Züge zu erkennen

Außerordentlich wichtig ist es, erkennen zu können, wenn Menschen von einer narzißtischen Charakterstruktur geprägt sind. Nicht zuletzt deshalb, weil solche Leute, wie begabt sie auch sein mögen, in den sozialen Gefügen, denen sie angehören – ihren Familien, ihren Arbeitsorganisationen, Klubs, Gesellschaften – beträchtlichen Schaden anrichten.

Narzißmus kommt nicht nur in einzelnen Personen vor, er befällt auch Organisationen. Eine gesunde Organisation unterscheidet sich von einer pathologischen durch ihre Fähigkeit, narzißtische Charaktere von Schlüsselpositionen fernzuhalten. Ich habe schon in Organisationen gearbeitet, die derart unter nar-

Schaden

zißtischen Spannungen litten, daß man meinen konnte, diese seien bereits von Anfang an in der Organisation vorhanden gewesen; unter solchen Bedingungen wurde dann auch wenig kreative Arbeit geleistet. Allerdings habe ich auch schon in Organisationen gearbeitet, in denen trotz einer Menge Narzißmus und Neid kreative Entwicklungen gefördert wurden. Hier hielt man hochgradig narzißtische Personen gewöhnlich von höheren Positionen fern. Es ist wichtig, Organisationen hinsichtlich ihrer narzißtischen Neigungen diagnostizieren zu können.

Am allerwichtigsten ist jedoch die Fähigkeit, narzißtische Züge in unserem eigenen Charakter zu erkennen. Keiner von uns ist frei von Narzißmus, und einer der grundlegenden Aspekte dieses Zustandes ist, daß er uns für Selbsterkenntnis blind macht. Man hört oft Leute sagen: »Ich bin sehr narzißtisch« oder: »Das hat meine Eigenliebe verletzt«. Solche Kommentare sind nicht wirklich ein Ausdruck dafür, daß sie ihren Zustand erkannt haben, sie sagen das nur so daher. Wirklich den eigenen Narzißmus in sich zu erkennen ist zutiefst erschreckend.

In seinem Buch *Freud und die Seele des Menschen* beschreibt Bruno Bettelheim (1984) anschaulich, in welchem Maße viele professionelle Psychoanalytiker und Therapeuten die Augen davor verschließen, sich selbst zu erkennen:

> Fast vierzig Jahre lang habe ich vor amerikanischen Doktoranden und Praktikanten der Psychiatrie Seminare über Psychoanalyse gehalten. Immer wieder mußte ich sehen, wie schwerwiegend die englischen Übersetzungen die Bemühungen amerikanischer Studenten behindern, zu einem wirklichen Verständnis Freuds und der Psychoanalyse zu gelangen. Obwohl die meisten der intelligenten und engagierten Studenten, die ich mit Freude unterrichtete, durchaus begierig waren, zu lernen, was es mit der Psychoanalyse auf sich hat, waren sie großenteils nicht dazu imstande. Ich habe nahezu ausnahmslos festgestellt, daß die psychoanalyti-

> schen Konzepte für diese Studenten eine Möglichkeit geworden waren, nur andere Menschen zu betrachten, aus sicherer Entfernung – nichts, das irgendeinen Bezug zu ihnen selbst hatte. Sie beobachteten andere Menschen durch die Brille der Abstraktion, versuchten sie mit Hilfe intellektueller Konzepte zu verstehen, ohne je ihren Blick nach innen in die Seele oder ihr eigenes Unbewußtes zu richten. Das traf sogar für die Studenten zu, die sich selbst einer Analyse unterzogen – es war kein nennenswerter Unterschied. Manchen von ihnen hatte die Psychoanalyse geholfen, mehr im Frieden mit sich selbst zu leben und mit dem Leben fertig zu werden; anderen hatte sie geholfen, sich selbst von beunruhigenden neurotischen Symptomen zu befreien, aber ihre falschen Vorstellungen von der Psychoanalyse blieben bestehen. Die Psychoanalyse, wie diese Studenten sie auffaßten, war ein rein intellektuelles System – ein gescheites, aufregendes Spiel –, nicht der Erwerb von Einsichten in die eigene Person und in das eigene Verhalten, die unter Umständen zutiefst verwirrend waren. Sie analysierten immer das Unbewußte *eines anderen,* kaum je ihr eigenes. Sie dachten nicht genügend darüber nach, daß Freud, um die Psychoanalyse zu entwickeln und das Wirken des Unbewußten zu verstehen, seine *eigenen* Träume hatte analysieren, seine *eigenen* Versprecher und die Gründe, warum *er* etwas vergaß oder verschiedene andere Fehler machte, hatte verstehen müssen. [S. 16 f.]

Was Bettelheim hier beschreibt, ist Narzißmus, der sich zur Selbsterkenntnis im höchsten Grade antagonistisch verhält.

Für jemanden, der stark von narzißtischen Zügen geprägt ist, besteht (wie wir wahrscheinlich alle wissen) eine Möglichkeit, Selbsterkenntnis zu zerstören, darin, daß er die unerwünschten Aspekte seines Charakters, wie Eifersucht, Neid, Sadismus und anderes, auf andere projiziert. Und die ideale

Person, auf die der Psychotherapeut eine solche Projektion richten kann, ist natürlich der Patient. Für Analytiker und Therapeuten macht es einen erheblichen Unterschied, ob sie eine Deutung auf der Verleugnung von Selbsterkenntnis aufbauen oder ob ihre Deutung auf der Einsicht in das eigene Selbst beruht. Es ist therapeutisch wertlos, Patienten darauf hinzuweisen, daß sie grausam sind oder sich besitzergreifend oder eifersüchtig zu verhalten scheinen, wenn Analytiker dieselben Aspekte bei sich selbst nicht wahrhaben wollen. Wenn das geschieht, dann entwickelt sich entweder ein vorwurfsvoller Ton zwischen Therapeut und Patient, oder der Therapeut versucht, den Patienten zu bestätigen und zu stützen, und beides hat keinen Wert.

Jemand hat mir einmal erzählt, Erich Fromm sei imstande gewesen, ohne vorwurfsvollen Unterton einem Patienten zu sagen: »Sie leben dieses egozentrische Leben, Sie bauen bloß an Ihrem eigenen warmen Nest; die meisten Ihrer Probleme kommen daher.« Er sagte solche Dinge so, als ob es sich um die Feststellung von Tatsachen handelte, nicht um unerträgliche Charakterzüge, die er selbst loswerden müßte. Es ist für uns, die wir mit Patienten zu tun haben, überaus wichtig, die narzißtischen Neigungen in uns selbst zu begreifen.

Begriffliche Werkzeuge

Nun möchte ich einige der begrifflichen Werkzeuge beschreiben, die wir brauchen, um Narzißmus zu erfassen.

Zunächst benötigen wir einen Erkenntnisbegriff. Wenn wir sagen, wir wissen etwas, dann meinen wir gewöhnlich, daß wir von etwas Kenntnis haben, das wirklich ist, obwohl es, wie Sie wahrscheinlich wissen, Philosophen gegeben hat, wie Berkeley zum Beispiel, die der Meinung waren, Wirklichkeit sei eine Illusion und wir könnten nichts wissen, was außerhalb unserer selbst existiert. Es besteht ein großer Unterschied zwischen dem, was man weiß, und dem, was man vermutet oder fühlt.

Außerdem müssen wir imstande sein, uns *psychische* Wirklichkeiten vorzustellen – Wirklichkeiten, die man nicht riechen, berühren, sehen oder hören kann. Beispiele für solche Wirklichkeiten sind: Freundschaft, eine Halluzination, ein Traum, ein Gedanke, ein Gefühl, eine Intuition, eine Absicht, ein Urteil, Wahrheit, Güte, Mut, Vertrauen, Hemmung, Allmacht, Demut, Grausamkeit, Rachsucht, Selbsthaß, Haß, Liebe, Schuld, Scham, Täuschung. Das sind Wirklichkeiten, sofern wir fähig sind, sie zu erkennen. Sie sind psychische Gegenstände der Erkenntnis. Bei meinem Versuch, Narzißmus begrifflich zu fassen, bediene ich mich eines speziellen psychischen Objektes, das ich den *»Lebensspender«* nenne. Ich führe das später aus.

Wir schreiben psychischen Objekten Qualitäten zu, nennen sie gut oder schlecht beziehungsweise böse. Grausamkeit halten wir für schlecht, Liebe für gut, Ehrlichkeit für gut, jemanden zu täuschen für schlecht, Vertrauen für gut, Hemmung für schlecht und so fort. Die Auffassung, es gäbe hinsichtlich der Qualität psychischer Objekte analytische oder therapeutische Neutralität, ist gänzlich illusorisch. Jeder Psychotherapeut urteilt, und jeder Patient urteilt. Der Patient beispielsweise klagt über seine Depression und hält diese für schlecht. Der Therapeut wird die Depression des Patienten vielleicht anders beurteilen, aber ein Urteil fällt er allemal.

Des weiteren brauchen wir einen Begriff des Selbst und einen Begriff von Projektion und Introjektion als den Mechanismen, über die wir mit anderen Menschen in wechselseitigem Kontakt stehen. Zwei leblose Objekte, zwei Steine am Strand dringen nicht ineinander ein, aber sobald wir die große Scheidelinie zwischen der unbelebten und der belebten Welt überschreiten, entsteht die Fähigkeit, daß Lebewesen wechselseitig ineinander eindringen.

Der französische Philosoph Henri Bergson (1907) beschreibt in seinem Buch *Schöpferische Entwicklung* die Mauerwespe, die eine Raupe in eine ganz bestimmte Stelle ihres Körpers sticht und sie damit lähmt. Dann legt die Wespe ihre Eier in den gelähmten Körper; die Eier werden innerhalb von drei Tagen in dem lebenden, wenngleich paralysierten Fleisch ausgebrütet, das den kleinen Larven als Nahrung dient. Sticht die Mauerwespe einen Millimeter neben die richtige Stelle, dann tötet sie die Raupe, und die Sache funktioniert nicht. Bergson fragt anthropomorphisierend: »Woher weiß die Wespe, welches die richtige Stelle für ihren Stich ist?« Die Antwort: »Aus Instinkt«, genügt ihm nicht; er glaubt, es gebe eine Art sympathetischer Kommunikation zwischen den beiden Insekten, die es der Wespe möglich macht zu »spüren«, wohin sie stechen muß.

Wir kommen mit anderen Menschen in Kontakt, indem wir uns entweder in ihre Welt hineinversetzen (projizieren) oder indem wir sie in unsere Welt aufnehmen (introjizieren). Wir ziehen uns entweder den Schuh eines anderen an, oder wir geben ihm Einblick in unser Verständnis von den Dingen. Auf einer tieferen Ebene, unterhalb der Schwelle des Bewußtseins findet ständig eine Vielzahl psychischer Prozesse statt; sie können entweder von einer Art sein, daß für uns die Dinge durcheinandergeraten, oder sie können sowohl für uns als auch für die Menschen, mit denen wir in engem Kontakt stehen, schöpferisch sein. Das Ich, wenn man es so will, ist aktiv, es identifiziert sich, projiziert, introjiziert, spaltet sich oder geht Verbindungen ein. Statt dessen könnten Sie auch sagen: Auf einer tieferen Ebene werden Entscheidungen getroffen. Ich habe festgestellt, sobald ich das sage, denken die Leute an Entscheidungen, wie sie auf der Ebene des Bewußtseins getroffen werden; deshalb möchte ich die Ebene, von der ich spreche, verdeutlichen.

Als ich in London war, ließ sich einer meiner Kollegen für ein Jahr beurlauben und fragte mich, ob ich bereit wäre, wenn Schwierigkeiten aufträten, mich um seine Patienten zu kümmern. Ich versprach, das zu tun. Er ging für ein Jahr fort, und nach etwa sechs Monaten rief mich eine seiner Patientinnen an und fragte, ob sie mich aufsuchen könne. Der Grund für ihr Kommen war folgender: Sie hatte früher zwei Freunde gehabt, die beide impotent waren oder in der Beziehung mit ihr impotent geworden waren, und zu ihrem Entsetzen war ihr neuer Freund – nennen wir ihn Michael – ebenfalls impotent geworden. Ich befand mich ein wenig im Dilemma, denn es war mir klar, daß hier ein tieferes Problem vorlag und mein Kollege weitere sechs Monate weg sein würde. Es schien auch klar, daß eine stützende Therapie allein ihr nicht helfen würde. Aufs Geratewohl bot ich ihr einen Vertrag über 20 Sitzungen an, je eine pro Woche, womit sie annähernd die Zeit überbrücken konnte, bis mein Kollege wieder zurück sein würde.

Sie kam und erzählte über ihren Hintergrund, über ihre Eltern und Geschwister, und ich hörte einfach zu und machte ein paar harmlose Bemerkungen. Etwa in der vierten Sitzung kristallisierte sich etwas heraus, und ich war nahe daran, es zum Ausdruck zu bringen, da geriet es mir aus dem Sinn – ich vergaß es. In der nächsten Sitzung passierte das gleiche: Etwas klärte sich, und ich wollte gerade zu einer Deutung ansetzen, da löste sie sich in Luft auf. Ich stellte daraufhin einen Zusammenhang her zwischen der Impotenz ihrer Freunde und dem, was in meinem Kopf geschah, und ich war mir ziemlich sicher, daß es einen Zusammenhang zwischen beidem gab. Ich betrachtete es also als meine Aufgabe, wenn sich wieder etwas kristallisieren sollte, imstande zu sein, es im Kopf zu behalten und ihr gegenüber auszudrücken. Im weiteren Verlauf dieser Sitzung wurde wieder etwas klar, und ich richtete all meine psychische Aufmerksamkeit darauf und machte eine Deutung. Ich faßte sie in Worte, und es folgte Schweigen. Ich spürte, daß das, was ich gesagt hatte, bei ihr angekommen war.

In der nächsten Woche erschien sie mit lächelndem Gesicht und sagte: »Als ich nach Hause kam, ist etwas Merkwürdiges geschehen. Michael kam vorbei; wir liebten uns, und er war imstande, mich zu penetrieren. Es gab gar keine Schwierigkeiten. Ich habe das Gefühl, daß das etwas mit der Sitzung bei Ihnen zu tun hat.« Ich bin sicher, daß meine eigene psychische Konzentration auf das, was geschah, nämlich auf die Deutung, die ich machte, und auf die Interaktion zwischen uns beiden, in ihr eine Veränderung bewirkt hatte, die wiederum die Kohabitationsfähigkeit ihres Freundes beeinflußte.

Sie wußte nicht, worin die Veränderung bestand, doch ihre psychische Aktivität änderte sich, und das veränderte die äußeren Umstände. Psychische Entscheidungen und Handlungen beeinflussen die Menschen in der Umgebung, besonders diejenigen in der engsten Umgebung. Man wird Narzißmus niemals verstehen, wenn man nicht diese begriffliche Vorstellung versteht.

Der Philosoph Edmund Husserl (1939) sagt, das Ich sei immer aktiv. Auch als Empfangendes sei es aktiv.

> Dieser phänomenologisch notwendige Begriff der Rezeptivität steht keineswegs in ausschließendem Gegensatz zur *Aktivität des Ich*, unter welchem Titel alle spezifisch vom Ichpol ausgehenden Akte zu befassen sind; vielmehr ist die Rezeptivität als unterste Stufe der Aktivität anzusehen. Das Ich läßt sich das Hereinkommende gefallen und nimmt es auf. [S. 83]

Wie wir alle wissen, ist es möglich, in einer negativen Halluzination einen auftretenden Stimulus vollkommen zurückzuweisen. In London hing an einer Wand meines Sprechzimmers ein riesiges Bild. Ich hatte einen Patienten, der seit zwei Jahren zu mir kam, und eines Tages kam er herein, blickte auf und sagte: »Sie haben ein Bild aufgehängt.« Es war die ganze Zeit dort gewesen. Was hatte er vorher gesehen? Er hatte das Bild ausgelöscht. Um einen Eindruck zu empfangen, wäre es nötig gewesen, daß sein Ich aktiv wird. Irgend etwas Psychisches findet immer statt, wenn wir aufnehmen. So war es auch mit der Frau, von der ich berichtet habe: Als ich die Deutung machte, nahm sie etwas auf, und diese psychische Handlung veränderte die Fähigkeit ihres Freundes, sie zu lieben. Ich habe dieses Beispiel angeführt, um zu zeigen, auf welcher *Ebene* Ich-Aktivität stattfindet.

Darüber hinaus ist es wichtig, einen Analogiebegriff zu haben, um analoge Begriffe verwenden zu können, wenn man über Handlungen spricht, die unterhalb der Bewußtseinsschwelle stattfinden, oder wenn man über das Selbst in seinem Handeln oder über Teile des Selbst spricht. Auf diese Weise kann man zu Dingen einen Zugang finden, die nicht unmittelbar erfahrbar sind. Sprache und Begriffe, die aus der bewußten Wahrnehmung der Welt stammen, müssen immer als Analogon gebraucht werden, wenn man sie auf Dinge anwendet, die man nur erschließen kann.

Schließlich noch ein Begriff, den ich häufig verwende: das Prinzip der Auslassung. Dieses Prinzip besagt: Wenn etwas getan wird, gibt es immer auch etwas, das nicht getan wird. Das mag offensichtlich erscheinen, aber gewöhnlich ist das, was *nicht* getan wird, der entscheidende Faktor für das Verstehen. Beispielsweise ist für den Narzißmus, in dem nach traditioneller Definition das Ich sein eigenes Selbst zum Liebesobjekt nimmt, die entscheidende Frage, was nicht getan wird.

Die Werkzeuge, die wir brauchen, wenn wir versuchen wollen, Narzißmus zu begreifen, sind also die Begriffe: Wissen und Erkenntnis, psychische Wirklichkeit, das aus Teilen zusammengesetzte Selbst, Projektion und Introjektion, Analogie und das Prinzip der Auslassung.

Zweites Kapitel

Das Selbst und seine Teile

Jeder Teil der Wirklichkeit steht zu einem anderen Teil der Wirklichkeit in Beziehung. Wann immer wir etwas definieren, definieren wir es in Beziehung zu etwas anderem. Nur wenn wir über Wirklichkeit als Ganzes nachdenken, über das Universum als eine Ganzheit, ohne daß noch etwas außerhalb wäre, denken wir die Wirklichkeit als beziehungslos. Jede Theorie, die wir uns ausdenken, beschreibt einen Aspekt der Wirklichkeit in Relation zu einem anderen. Wenn ich beispielsweise am Strand stehe und Möwen an der Brandung beobachte und im Laufe der Zeit merke, daß sie allmählich näher kommen, dann muß ich, um mir eine befriedigende Erklärung für diese Szene zurechtzulegen, mehrere wissenschaftliche Begriffe ins Feld führen. Ich muß wissen, daß die Möwen näher kommen, weil die Flut steigt, und um das zu verstehen, muß ich auf das Gravitationsgesetz zurückgreifen und auf die Anziehungskraft des Mondes gegenüber der Erde, die Ebbe und Flut bewirkt. Ich muß auch die Anziehungskraft der Erde gegenüber dem Mond kennen, die den Mond in der Umlaufbahn um die Erde hält. Und um das zu erklären, muß ich etwas über die Erdmasse und die Mondmasse wissen und über die Beziehung zwischen beiden. Das alles erklärt zum Teil, weshalb die Möwen näher kommen, aber es erklärt nicht, warum es Möwen gibt. Um das zu begreifen, muß ich wissen, daß Möwen Organismen sind, deren Evolution mit einer bestimmten ökologischen Nische zusammenhängt, nämlich der Nische für Aasfresser, die sich von verwesenden Stoffen ernähren. Um das zu verstehen, brauche ich einige Kenntnis der Evolutionstheorie. Um also die recht einfache Szene vor mir zu erklären, muß ich ein Verständnis verschiedener wissenschaftlicher Begriffe haben. Um zu erklären, was immer wir vor uns haben, müssen wir das komplexe Wechselspiel der Beziehungen zwischen einem Ding und einem anderen kennen.

Das Selbst ist relational

Um das Selbst begrifflich zu bestimmen, müssen wir uns ansehen, wie das Selbst strukturiert ist. Wie alle Dinge in der Wirklichkeit ist auch das Selbst von Natur aus relational: Es steht immer zum Selbst anderer Menschen in einer Gemeinschaft in Beziehung. Das ist von Geburt an so, sogar von der Empfängnis an. Würde der Säugling nach seiner Geburt nicht seine Mutter, würde er nicht ihre Brust suchen, würde er sterben. Diese relationale Natur durchdringt alle Teile des Selbst, so wie die Schwerkraft alle Materie durchdringt. Wir werden im weiteren sehen, daß Narzißmus im Kern ein Haß gegen das Relationale ist, also ein Haß gegen etwas, das unserem Sein anhaftet.

Eine »Beziehung« setzt zwei oder mehrere Parteien voraus. Wenn zwei Dinge eins sind, dann kann es keine Beziehung mehr zwischen ihnen geben. Wenn ich zwei Gläser Milch vor mir auf dem Tisch stehen habe, können sie in Relation zueinander stehen, wenn ich sie aber beide in einen Krug zusammenschütte, dann gibt es keine Relation mehr, nur noch Milch. Eine Wirkungsweise des Narzißmus besteht darin, in seinem Haß gegen das Relationale Trennungen aufzuheben. Bei einem Menschen, der von narzißtischen Zügen beherrscht wird, besteht ein Mangel an Trennung zwischen sich selbst und anderen, er nimmt an, andere dächten ebenso wie er.

Seinem Wesen nach strukturiert sich das Selbst also in Relation zu einem anderen. Den Teil des Selbst, der zu dem anderen in Beziehung steht, nennen wir das Objekt (mit diesem Objekt befaßt sich die Theorie der Objektbeziehungen), den anderen Teil des Selbst nennen wir das Subjekt. Dieser Subjekt-Objekt-Charakter durchdringt das Selbst auf die gleiche Weise, wie Wasser überall von H_2O-Molekülen durchdrungen ist. Wenn irgendein Teil des Selbst vom übrigen Selbst losgelöst ist, trägt dieser Teil dieselbe Subjekt-Objekt-Struktur in sich. Ich sage das, weil existentialistische Analytiker wie Rollo May und seine Schule das Sein des Individuums zum Zentrum ihrer Bemühungen machen und den Subjekt-Objekt-Charakter des Selbst leugnen. Ich habe Verständnis für ihren Wunsch, das, wie sie das nennen, inhärente Sein der Person zu erreichen, aber ich glaube, es ist ein Fehler, zu meinen, dieses Sein sei nicht als Subjekt-Objekt-Beziehung strukturiert. Mir scheint, daß diejenigen, die sich auf die Theorie der Objektbeziehungen stützen, auch die Vorstellung vertreten, es gebe ein vom Subjekt losgelöstes Objekt. Das ist jedoch nie der Fall, denn das Sein des Ganzen durchdringt alle seine Teile.

Es war C. G. Jung, der den Subjekt-Objekt-Charakter des Selbst begrifflich am klarsten gefaßt hat. 1935 hielt er fünf Vorlesungen an der Tavistock-Klinik in London, und als kurze, klare Zusammenfassung seiner Ansichten sind diese Vorlesungen hervorragend. In der dritten Vorlesung sagt Jung:

> Meine Damen und Herren, dies führt uns zu etwas sehr Wesentlichem – zur Tatsache nämlich, daß ein Komplex mit seiner gegebenen Spannung oder Energieladung die Tendenz hat, eine kleine eigene Persönlichkeit zu werden. Er besitzt eine Art Körper, eine gewisse eigene Physiologie. Er kann den Magen durcheinanderbringen. Er stört die Atmung, das Herz – kurz, er benimmt sich wie eine Teilpersönlichkeit. Wenn Sie zum Beispiel etwas sagen wollen und unglücklicherweise ein Komplex mit dieser Absicht zusammenstößt, dann sagen Sie etwas ganz anderes, als Sie im Sinn hatten. Man wird einfach unterbrochen, und die beste Absicht wird durch den Komplex zunichte gemacht, genauso wie wenn man durch ein menschliches Wesen oder äußere Umstände gestört worden wäre. Aus diesen Gründen können wir nicht anders, als von den Komplextendenzen so zu sprechen, als seien sie mit einem gewissen eigenen Willen ausgestattet. Wenn man vom Willen spricht, fragt man natürlich nach dem Ich. Wo aber ist das Ich, das zum Willen des Komplexes gehört? Wir kennen unseren eigenen Ichkomplex, von dem wir annehmen, daß er den Körper völlig beherrsche. Das ist zwar nicht der

> Fall; nehmen wir aber doch einmal an, er sei ein Zentrum, dem der Körper völlig untertan ist, und es gebe einen Brennpunkt, den wir das Ich nennen, und dieses Ich habe seinen Willen und könne mit seinen Komponenten etwas anfangen. Das Ich ist auch eine Zusammenballung von hochgespannten Inhalten, so daß im Prinzip kein Unterschied besteht zwischen dem Ichkomplex und irgendeinem anderen Komplex.
>
> [...] die sogenannte Einheit des Bewußtseins [ist] eine Illusion. Sie ist effektiv ein Wunschtraum. Es tut uns wohl zu denken, wir seien einheitlich; das sind wir aber ganz entschieden nicht. Wir sind tatsächlich nicht Herren im eigenen Haus. Es befriedigt uns, an unseren Willen, unsere Energie und an all das zu glauben, was wir vollbringen können; wenn es aber wirklich einmal darauf ankommt, stellen wir fest, daß uns das, was wir wollen, nur zu einem kleinen Teil gelingt, da wir durch jene kleinen Teufel, die Komplexe, daran gehindert werden. Komplexe sind autonome Assoziationsgruppen mit der Tendenz, sich selbständig zu bewegen, ihr eigenes Leben unabhängig von unseren Absichten zu leben. Nach meiner Auffassung besteht sowohl unser persönliches Unbewußtes wie auch das kollektive Unbewußte aus einer unbestimmten, da unbekannten, Anzahl von Komplexen oder Teilpersönlichkeiten. [S. 89 f.]

Wie Sie sehen, sagt Jung also, daß es in jedem Teil ein Subjekt-Objekt gibt. Allerdings möchte ich eines betonen, was hier gegen Ende ein wenig verwischt wird, daß nämlich jeder dieser Teile seinerseits eine Quelle von Handlung ist. Ich habe nichts dagegen, wenn in der Theorie der Objektbeziehungen das Wort »Objekt« gebraucht wird, solange klar ist, daß das Objekt auch ein Subjekt des Handelns ist. Wenn man das nicht beachtet, so stiftet man unweigerlich Verwirrung.

Wenn wir von einer internalisierten Mutter, einem internalisierten Vater, Bruder und so weiter sprechen, dann handelt es sich dabei um verinnerlichte Objekte, und diese Objekte handeln. Sie handeln innerhalb der Persönlichkeit. In gewissen Momenten können sie sogar die Führung der Persönlichkeit übernehmen.

Das Selbst besteht aus Teilen

Ich möchte hervorheben, daß sich das Selbst aus Teilen zusammensetzt. Wenn ich beispielsweise jemandem gegenüber paranoide Gefühle habe, könnte ich sagen, er bringe nur sein eigenes Schäfchen ins trockene oder sie sei einfach ein eifersüchtiges Weib. Eine andere Möglichkeit wäre zu sagen, jemand sei engagiert und fürsorglich. Aber es scheint einem Menschen schwerzufallen, gefühlsmäßig an der Vorstellung festzuhalten, daß jemand eine Mischung aus schlechten und guten Qualitäten ist, daß er korrupt, aber weise, neidisch, aber warmherzig sein kann. Man beachte, daß ich das Wort »aber« benutzen mußte. Wir würden nicht von jemandem sagen, er sei neidisch *und* warmherzig. Ich möchte eine Passage aus Somerset Maughams Buch *The Summing Up* (1976) zitieren:

> Was mich bei den Menschen immer so verblüfft hat, ist ihr Mangel an Konsistenz. Ich habe noch nie Menschen getroffen, die wie aus einem Guß waren. Ich habe mich gewundert, wie die widersprüchlichsten Charakterzüge in ein und derselben Person bestehen können und trotzdem eine überzeugende Harmonie zustande kommt. Ich habe mich häufig gefragt, wie Eigenschaften, die unvereinbar scheinen, im selben Menschen vorhanden sind. Ich habe Gauner gekannt, die der Aufopferung fähig waren, Langfinger, die weichherzig waren, und Huren, für die es eine Ehrensache war, ihr Geld wert zu sein. [S. 40]

Und an einer späteren Stelle schreibt Maugham über den Schriftsteller:

> Aber beim Schriftsteller kommt es darauf an, daß er nicht einer ist, sondern viele. Weil er viele ist, kann er viele schaffen, und seine Größe bemißt sich an der Zahl der Selbste, die er umfaßt. Wenn er eine Figur gestaltet, die nicht überzeugt, dann liegt das daran, daß er in sich nichts von dieser Person hat; er mußte sich auf Beobachtungen stützen, folglich hat er nur beschrieben, nicht geschaffen. [S. 152]

Der Schriftsteller fühlt nicht »mit« einer Figur, er fühlt sich »in« sie ein. Er verspürt nicht Sympathie, die oft in Sentimentalität übergeht, sondern Empathie. Bei der psychotherapeutischen Arbeit muß der Therapeut sich einfühlen, statt dessen geschieht es aber häufig, daß er mitfühlt. Ich glaube, daß wahrscheinlich eine große Zahl narzißtischer Störungen unentdeckt bleibt, weil das Bemühen des Therapeuten von Mitgefühl statt von Einfühlung, von Sympathie statt von Empathie getragen wird.

Ein gutes literarisches Beispiel für eine Kombination disparater Elemente innerhalb ein und derselben Person finden wir im Charakter von Oskar Schindler, den Thomas Keneally (1983) in seinem Buch *Schindlers Liste* darstellt. Es ist bekannt, daß Schindler eine reale Person war. Am Anfang seines Buches sagt Keneally über ihn:

> Herr Oskar Schindler, der eben jetzt den vereisten Bürgersteig in diesem eleganten alten Wohnviertel Krakaus betritt, war kein tugendhafter Mensch im üblichen Sinn. Er hielt sich in dieser Stadt eine deutsche Mätresse und hatte eine Affäre mit seiner polnischen Sekretärin. Seine Ehefrau Emilie wohnte meist daheim in Mähren, kam allerdings gelegentlich auf Besuch zu ihm nach Polen. Immerhin bleibt festzuhalten: Er war in jedem Fall ein großmütiger Liebhaber und von guten Manieren. Doch die landläufige Auffassung von Tugend würde das nicht als Entschuldigung gelten lassen.

> Er war ferner ein Trinker. Manchmal trank er, weil es ihm Vergnügen machte, dann wieder trank er mit Geschäftspartnern, Bürokraten, SS-Funktionären zwecks Durchsetzung bestimmter Absichten. Er verstand es wie wenige, beim Trinken einen klaren Kopf zu behalten. Doch auch das ist im strengen Wortsinn keine Tugend. Und obschon Schindlers Verdienste über jeden Zweifel bezeugt sind, ist es ein Kennzeichen seiner Ambiguität, daß er innerhalb oder zumindest auf der Grundlage eines korrupten und gefährlichen Systems arbeitete. [S. 12]

Keneally hebt im weiteren die disparaten Elemente in dieser einen Person hervor, Teile, die unabhängig voneinander zu handeln scheinen. Ich war lange der Meinung, es sei ausgeschlossen, zugleich klug und korrupt zu sein, bis ich einem Mann begegnete, der sowohl klug als auch korrupt zu sein schien. Vielleicht wäre er, ohne korrupt zu sein, noch klüger gewesen, aber die beiden Eigenschaften schienen tatsächlich in derselben Person gut miteinander auszukommen. Ich möchte nun über unseren Wunsch nach Integration sprechen und darüber, wie die Persönlichkeit sich selbst integriert. Ihre Teile können füreinander offen sein oder einander antagonistisch gegenüberstehen.

In *Anna Karenina* (den Inhalt habe ich in der Einleitung zusammengefaßt) beschreibt Tolstoj, wie in Anna verschiedene Teile wirksam werden. Zum Zeitpunkt ihrer Krankheit, als es scheint, als müßte sie sterben, bereut sie ihr Verhalten Karenin gegenüber, und eine ganz andere Persönlichkeit kommt zum Vorschein. Als sie wieder gesund wird und Wronskij zurückkehrt, bricht etwas über sie herein, und sie beginnt neuerlich, Karenin abzuweisen.

Es gibt viele Stellen in dem Roman, wo man verschiedene Teile ein und desselben Charakters wirken sehen kann. Da gibt es beispielsweise die Episode, in der Dolly, die bei Kitty und Lewin zu Gast ist, beschließt, Anna und Wronskij auf dessen Gut zu besuchen, und sie fährt dorthin voller Freude, Anna wiederzusehen. Dolly findet das vornehme Diner an diesem Abend peinlich und unangenehm und merkt nachher, daß alle nur Theater gespielt haben. Sie geht in ihr Zimmer, und Anna kommt zu ihr und schüttet Dolly ihr Herz aus, doch zu diesem Zeitpunkt ist Dolly bereits entschlossen, am nächsten Morgen zu den Lewins zurückzufahren und nicht, wie ursprünglich beabsichtigt, zwei Tage zu bleiben. Als sie die Lewins verließ, hatte sie sich von den Sorgen der Mutterschaft schwer bedrückt gefühlt, doch nach einem Tag sieht sie diese Sorgen in einem ganz neuen Licht und beeilt sich, zu ihren Kindern zurückzukehren. Auf der Rückfahrt macht der Kutscher die Bemerkung, die Pferde seien nicht gut gefüttert worden, zu Hause werde man sie besser versorgen. Es ist interessant, daß Dolly sich wirklich beklommen fühlt. Dennoch berichtet sie zu Hause auf die Fragen ihres Mannes und der anderen, Anna und Wronskij hätten sie gut aufgenommen und es sei wundervoll gewesen. Sie lügt nicht, sie ist nur zu ihrer gesellschaftlichen Persönlichkeit zurückgekehrt, und ihre Einsichten und Gefühle befinden sich in einem anderen Teil ihrer selbst.

Ein weiteres Beispiel für die verschiedenen Teile einer Person haben wir in Anna kurz vor ihrem Selbstmord. Sie denkt bei sich: »Vielleicht gehe ich zu Dolly und sage ihr die ganze Wahrheit«; und Anna nimmt einen Wagen, um zu Dolly zu fahren. Als sie hinkommt, findet sie Kitty dort und verliert die Nerven. Sie hatte einen bestimmten Wunsch, dann kommt etwas dazwischen, und sie gibt auf.

Große Literatur will die verschiedenen Seiten in uns, die inneren Konflikte der Seele beschreiben. Anna kann die verschiedenen Seiten in sich nicht zu einer Harmonie bringen: den Wunsch, Serjoscha bei sich zu haben, den Wunsch, von der Gesellschaft akzeptiert zu sein, den Wunsch, von Wronskij geliebt zu werden, den Wunsch, Karenin möge ihr Verständnis entgegenbringen. Die Qual ihrer Gespaltenheit wächst ins Unerträgliche.

Die Personalität ist kein einheitliches Phänomen. Wir alle bestehen aus Teilen, wobei jeder Teil imstande ist, als eine getrennte kleine Person zu funktionieren. Das grundlegende psychologische Problem für den Menschen besteht darin, alle diese Teile zu einem harmonischen Handeln zu veranlassen. Wenn wir von jemandem sagen, er habe nicht praktische, sondern emotionale Probleme, dann meinen wir, es bereitet ihm Schwierigkeiten, »die Dinge zusammenzubringen«, mit sich eins zu sein. Wir streben danach, eine Einheit zu bilden, aber es ist immer ein Kampf, weil wir in uns etwas niederringen müssen. Dieses Ringen um Kohärenz steht in der psychodynamischen Psychotherapie im Zentrum. Wenn jemand zum Therapeuten kommt, dann drückt dieser das zwar nicht so aus, aber der Patient ist sich bewußt, daß die Dinge schieflaufen, weil in ihm etwas wirksam ist, das seinen bewußten Interessen widerspricht.

Die Begriffe des »Bewußten« und »Unbewußten« markieren eine Trennung, die darauf beruht, was das Individuum bei sich bewußt wahrnimmt und bewußt wahrnehmen kann im Gegensatz zu denjenigen Teilen seiner selbst, deren es sich nicht bewußt ist, und denjenigen Teilen, deren es sich nicht bewußt sein will. Sagt man von einigen Teilen einer Person, sie seien bewußt, und anderen, sie seien unbewußt, so gibt uns das nur ihre Eigenschaften an. Der Grund, weshalb wir uns einiger unserer Teile oder mancher Persönlichkeiten in uns nicht bewußt sind, hängt eng mit dem Narzißmus zusammen. Wenn ich mich gegenüber einem Teil meiner selbst feindlich verhalte, weil er nicht in Relation zu irgendeinem anderen Teil meiner selbst steht, so kann ich ihn nicht kennen. Diese Entschlossenheit meinerseits, von ihm nichts wissen zu wollen, ist das, was man das Unbewußte nennt. Das ist unglücklich ausgedrückt, denn es unterstellt, das Unbewußte käme ohne Zustimmung des Selbst zustande. Ich werde später zeigen, daß das nicht so ist.

In seiner Typentheorie trifft C. G. Jung eine nützliche Unterscheidung zwischen vier verschiedenen Teilen der Persönlichkeit: dem Denken, dem Fühlen, der Intuition und der Empfindung. Er sagt, der fühlende Teil der Persönlichkeit sei der

Gegenpol zum denkenden Teil, und er behauptet, wenn ein Teil in Funktion sei, dann unterdrücke er fast immer einen anderen Teil. Etwas Derartiges spielt eine Rolle, wo wir von der Verteidigungsstrategie der »Intellektualisierung« sprechen, nämlich dann, wenn Gefühle von einer intellektuellen Vorstellung losgelöst werden. Das Gegenteil passiert, wenn Gefühle vom Denken losgelöst werden. Mir ist in der Literatur noch kein Wort für diese Verteidigungsstrategie begegnet, dabei ist sie nicht minder verbreitet. In meiner klinischen Erfahrung ist die Verteidigungsstrategie der Intellektualisierung fast immer auch von ihrem Gegenteil begleitet. Ich nenne Gefühle, die vom Denken losgelöst (dissoziiert) sind, »Sentimentalisierung«. Maugham gibt uns in der zitierten Passage den Schlüssel dazu. Wenn man »mit« jemandem fühlt, dann ist das Ergebnis sentimental, fühlt man sich hingegen in jemanden »ein«, dann ist das Gefühl echt. Echtes Gefühl hat etwas mit Wissen zu tun. Der Unterschied zwischen beiden ist gewaltig und für den Psychotherapeuten von zentraler Bedeutung.

Ein weiteres Paar bilden bei Jung Empfindung und Intuition. Intuition hängt eng mit imaginativer Einsicht zusammen und Empfindung mit sinnlicher Berührung; die eine kann jeweils die andere ausschalten.

Auch Melanie Klein und Fairbairn sprechen davon, daß jeder Teil des Selbst eine kleine Persönlichkeit für sich sei, auch wenn sich ihre Terminologie von der Jungs unterscheidet. Melanie Klein sagt, es gebe Grundbausteine, aus denen sich das Selbst zusammensetzt – ein Penis und eine Vagina, ein Mund und eine Brustwarze, ein Kind und Eltern, ein Kind und Geschwister. Diese Teile sind füreinander gedacht.

Melanie Klein und Jung vertreten beide die Ansicht, daß es archetypische Elemente gibt, die in das Wesen des Selbst bereits eingebaut sind, daß die Persönlichkeit aus diesen Teilen besteht und daß die verschiedenen Menschen in unserer Welt diese verschiedenen Teile versinnbildlichen. Wir können niemals sagen, wir hätten keinerlei Anteil an der emotionalen Charakterstruktur irgendeiner Person, mit der wir in Kontakt kommen. Das gilt sowohl, wenn es um furchtbare Menschen geht wie Hitler, Idi Amin oder Myra Hindley, als auch, wenn es sich um außerordentlich mutige und heldenhafte Personen wie Sokrates und Kierkegaard handelt.

Welche Belege gibt es für diese Theorie, daß das Selbst als Quelle des Handelns aus vielen Teilen besteht, die ihrerseits alle eine Quelle des Handelns sind? Die Beweislage ist gar nicht gut, aber einige Belege liefert uns die Hypnose. Es ist bekannt, daß der Hypnotiseur bei starkem Widerstand von seiten des Patienten keinen Erfolg hat, daß aber das hypnotisierte Individuum unter Anleitung des Hypnotiseurs auf eine Weise agiert, die dem vollkommen widersprechen kann, was es im unhypnotisierten Zustand will. Es gibt also eine andere Persönlichkeit (eine Komplex nach Jungs Terminologie), die aufgrund der Suggestion eines anderen agiert. Es gibt eine Persönlichkeit, die unter der Leitung des Hypnotiseurs und mit ihm in Übereinstimmung steht. Dieser Gedanke läßt sich weiterführen, indem man schaut, inwieweit eine Person durch eine andere suggestiv zu beeinflussen ist. Das scheint sich kaum anders erklären zu lassen als mit Berufung darauf, daß hier eine Persönlichkeit vorhanden ist, die mit demjenigen, der die Suggestion betreibt, in Übereinstimmung steht.

Einen weiteren Beweis liefern die Romanautoren, die so oft über Figuren, die sie selbst geschaffen haben, sagen, sie machten sich breit, sie führten ihr eigenes Leben. Aber natürlich sind diese Figuren vom Autor gemacht, sind sie im Autor, sind sie Teil des Autors. Das bringt uns zum zweiten Maugham-Zitat zurück: »Beim Schriftsteller kommt es darauf an, daß er nicht einer ist, sondern viele.« Graham Greene sagte einmal, er schreibe, um in das Chaos menschlicher Erfahrung Sinn zu bringen; ich glaube, er meinte das innere Chaos und den Versuch, in sich die Teile zusammenzubringen.

Die Relation des »Ich« zu den inneren Persönlichkeiten

Nun möchte ich ein wenig über die Beziehung des Ego – ich ziehe das Wort »Ich« vor – zu diesen inneren Persönlichkeiten sprechen. Ich hatte vor einiger Zeit einen Patienten in Analyse, der schilderte, wie er als Kind einmal eine ganze Dose Kekse, die seine Mutter gebacken hatte, verschlang. Weiter berichtete er, ein andermal habe sie Karamelbonbons gemacht, und auch die habe er verschlungen. An diesem Punkt kam es zu einem ganz vernünftigen Gespräch zwischen uns, in dem wir über diesen Vielfraß diskutierten. Er sagte: »Ja, ich war wirklich ein Vielfraß. Ich verschlang alles.« Dann machte ich die Bemerkung, er verschlinge manchmal meine Worte auf ähnliche Weise. Er stimmte lachend zu und sagte: »O ja, das ist wohl so. Aber da haben Sie sicher nichts dagegen.« Daran war nur eines falsch: Ich hatte etwas dagegen.

Am nächsten Tag erzählte er mir, es sei ihm der Gedanke gekommen, um lieben zu können, müsse man Vertrauen haben. Etwas Ähnliches hatte ich ihm Anfang der Woche gesagt, deshalb bemerkte ich ihm gegenüber, er spucke aus, was ich vor zwei Tagen gesagt hatte. Er wurde furchtbar wütend und sagte, das sei etwas, was er immer schon gewußt habe. Als sich das Gespräch darüber weiter fortsetzte, sagte ich ihm, ich hätte den Eindruck, daß der Vielfraß, wenn er wirklich auf frischer Tat ertappt wird, alles tue, um sein wahres Wesen zu verbergen. Dem Patienten wurde es heiß, er begann zu schwitzen und meinte, er wolle nicht mehr kommen. Er kam jedoch weiterhin. Was ich damit sagen will, ist, daß er beim ersten Mal über den Vielfraß sprach, ohne ihn gefühlsmäßig anzuerkennen – er war in der Persönlichkeit des »Verleugners« – am nächsten Tag aber war er in der Persönlichkeit des Vielfraßes.

Nach meiner psychotherapeutischen Erfahrung ist es fast immer als Vorwarnung zu verstehen, wenn ein Patient über einen Aspekt seiner selbst spricht: Dann wird er beim nächsten Mal diesen Aspekt vorführen. Das ist, wie wenn der Regisseur eines Stückes sagt, was im nächsten Akt passieren wird.

Die Geschichte vom Vielfraß ist ein Beispiel für das Ich, das erst in einer Persönlichkeit, dann in einer anderen auftritt. Wir lassen uns nicht gern darauf aufmerksam machen, daß wir in zwei ganz verschiedenen Rollen aufgetreten sind. Wir empfinden Scham, wenn wir uns der Teile unseres Selbst bewußt werden, die nicht integriert sind. Denn uns ist klar, daß wir für Handlungen verantwortlich sind, die in uns geschehen und die zu einer solchen Disharmonie führen, Handlungen, die wir fortführen. Das ist das erste. Das zweite ist, wenn wir in der Gesellschaft Erfolg haben und angesehen sein wollen, dann müssen wir uns als fürsorglich, nicht als gierig erweisen, entsprechend gilt es zu verbergen, wenn wir im Gegenteil unfürsorglich handeln. Scham hängt eng mit bestimmten Aspekten des Narzißmus zusammen, denn in dem Maße, wie wir von narzißtischen Zügen beherrscht werden, werden wir die eigentlichen Quellen unseres Handelns zu verbergen suchen. Eine Aufgabe der Psychotherapie ist es, diese Quellen zu finden.

In den letzten Jahren fiel mir auf, daß sich eine Reihe von Organisationen große Mühe gaben, für einen wichtigen Posten die richtige Person zu finden, und dann nach einem Jahr feststellen mußten, daß diese Person völlig ungeeignet war. Offenbar sind wichtige Aspekte der Persönlichkeitsstruktur dieser Personen, trotz ausgeklügelter Interviews und so weiter, verborgen geblieben.

Mir begegnete einmal jemand, der, wenn er mit mir sprach, völlig mit dem übereinstimmte, was ich sagte, wenn er aber mit jemand anderem sprach, der ganz andere Ansichten vertrat als ich, diesem ebenso zustimmte. Er verhielt sich zu allen seinen Gesprächspartnern so. Ein solches Verhalten hängt mit der Vielfalt verschiedener Persönlichkeiten zusammen, die hier am Werk sind, und zwar in einem Zustand der Uneinigkeit, was in der menschlichen Gemeinschaft oft große Verwirrung hervorruft.

Wenn Sie einen Teil ihrer selbst verleugnen, fallen Sie diesem Teilaspekt bei anderen Leuten zum Opfer. Nehmen wir an, ein Teil von mir ist äußerst eifersüchtig und ich verleugne das.

Er bleibt dennoch wirksam und beeinflußt mein Verhalten anderen gegenüber. Eine klassische List besteht für mich darin, mich mit jemandem zusammenzutun, der extrem eifersüchtig ist, so daß derjenige den Teil meiner selbst übernehmen kann, den ich verleugne, doch dann leide ich die ganze Zeit unter den Folgen. Das Paradox ist: Sobald ich imstande bin, mir meinen eifersüchtigen Teil zu eigen zu machen und mir sage: »Ja, ich bin in Relation mit diesem Teil von mir; er gehört zu mir und nicht zu dir«, so vermindert sich die Eifersucht. Das Destruktive liegt nicht so sehr in der Eifersucht als in dem Umstand, daß sie verleugnet wird. Tatsächlich brauche ich ja ein gewisses Maß an Eifersucht, um mit meinen Angelegenheiten zurechtzukommen.

Im allgemeinen Sprachgebrauch nennen wir Menschen, die sich mal von der einen, mal von der anderen inneren Persönlichkeit beherrschen lassen, »schwach«, wohingegen »starke« Persönlichkeiten solche sind, in denen das Ich durch alle seine Teile und mit ihnen in Einklang handelt.

Drittes Kapitel

Die narzißtische Option

In diesem Kapitel will ich zu fassen versuchen, was eine psychologische Wirklichkeit ist. Auch wenn man diese Wirklichkeit schwer begreifen kann, ist sie nicht minder wirklich als etwas, das man leicht bestimmen kann, und wenn man sich dieser Wirklichkeit nicht bewußt wird, können die Folgen katastrophal sein. Ein Professor, bei dem ich vor vielen Jahren Philosophie studierte, gebrauchte folgende Analogie. Er pflegte zu sagen: Im Nebel sind die Konturen eines sich nähernden Autos unscharf, aber das Auto ist ebenso wirklich wie im hellen Sonnenschein. Zugleich ist es gefährlicher, denn wenn man das Auto nicht sieht, kann es einen überfahren. – Was hier folgt, ist eine Metapher, die auf das Wirkliche verweist, die aber nicht das Wirkliche selbst ist. Die Wirklichkeit kann nur durch eine persönliche psychische Handlung begriffen werden.

In allen theoretischen Modellen der psychoanalytischen Literatur taucht Narzißmus dann auf, wenn das Ich sich selbst zum erotischen Objekt wählt oder, um es in der klassischen Freudschen Terminologie auszudrücken, wenn die Libido ihr eigenes Selbst zum Liebesobjekt macht. Mit Rückgriff auf das Prinzip der Auslassung, das ich vorhin erwähnt habe, läßt sich sagen, daß es oftmals gerade das *Nicht*-Genannte ist, das einen Schlüssel zu jener psychischen Wirklichkeit bietet, die man zu begreifen sucht, weniger das, was tatsächlich festgestellt wird. Wir haben hier die Behauptung, Narzißmus trete dann auf, wenn die Libido oder das Ich das eigene Selbst zum erotischen Objekt wählt. Das legt nahe, daß es eine Alternative gibt. So offensichtlich das auch sein mag, trotzdem wird diese Alternative selten klar ins Auge gefaßt. Wenn irgendein anderes Objekt vorhanden ist, das das Ich anstelle seiner selbst wählen kann, welches wäre es? Logischerweise ist die Alternative: Wenn Narkissos in der Lage ist, sich in sein eigenes Spiegelbild zu verlieben, dann kann er sich auch in jemand anderes verlieben.

Bei der Geburt, sogar vor der Geburt, hat der neue Organismus ein Ziel: Er will überleben. Er hat jedoch noch ein weiteres Ziel, das mehr ist, als nur zu überleben, denn wenn ein Organismus stirbt, überlebt die Materie, bestehen Fleisch, Knochen und anderes fort, aus denen er gebildet war. Es ist ein physikalisches Gesetz, daß Materie nicht vernichtet werden kann; sie zersetzt sich in andere Agglomerationen. Das zweite Ziel des Organismus ist daher, als Lebewesen zu überleben. Was meinen wir, wenn wir von etwas sagen, es sei lebendig? Was für eine Unterscheidung machen wir zwischen unbelebter und belebter Materie? Was ist der Unterschied zwischen dem Fruchtgelee beim Sonntagsfrühstück und einer Amöbe? Henri Bergson (1907), der zufällig etwa zur gleichen Zeit geboren wurde und starb wie Freud, definierte Leben als eine Tendenz, auf Materie einzuwirken. Ein Lebewesen reagiert auf seine Umwelt, es wird durch die Umwelt konditioniert, und es wirkt auf die Umwelt ein. Leben enthält in sich eine initiatorische Handlungsquelle. Diese Definition steht im Gegensatz zu der Position, die man die Stimulus-Response-Psychologie nennen könnte, eine Position, die Skinner vertritt.

* * *

Es ist umgangssprachlich durchaus verbreitet, von jemandem zu sagen, er sei absolut tot, und wir sprechen auch von todgeweihten gesellschaftlichen Systemen. Offenbar ist das eine metaphorische Redeweise; was wollen wir damit sagen? Wir drücken aus, daß jemand kein persönliches, zielgerichtetes Handeln an den Tag legt, daß es ihm an emotionaler Initiative fehlt, daß er nicht die Fähigkeit hat, kreativ auf seine gesellschaftliche Umgebung einzuwirken. Ein solcher Mensch wird zwar Tag für Tag zu den Mahlzeiten und am Abend ins Bett finden und so weiter, aber wir würden ihm kaum eine Initiative zusprechen, die über das psychische Überleben hinausgeht.

Wenn wir aber sagen, jemand ist lebendig, dann meinen wir, er besitzt in sich die initiatorische Fähigkeit, eine Veränderung in seiner sozialen Umgebung zu bewirken, eine Veränderung in den emotionalen Antworten und Handlungen derer, die ihn umgeben. Damit ist nicht jemand gemeint, der umherhastet und Dinge organisiert. Wir sprechen über Aktivität auf einer tiefer liegenden Ebene. Wie die meisten von uns wissen, stellt sich bei der Behandlung oft heraus, daß jemand, der geschäftig umherrennt, innerlich tot ist. Ich hatte einmal eine Frau in analytischer Behandlung, die ein überaus exotisches, aktives Leben führte, in der Welt herumreiste und an allerlei aufregenden Projekten beteiligt war; im weiteren Verlauf der Analyse wurde jedoch deutlich, daß sie innerlich tot war; sie mußte sich in spannenden Situationen engagieren, um in Bewegung zu bleiben.

Der Anstoß zu schöpferischem Handeln

Ich möchte nun ein paar Beispiele anführen (zunächst eine kurze Passage aus Tolstojs *Anna Karenina* und dann aus dem zweiten Band von Graham Greenes (1980) Autobiographie *Fluchtwege,* um zu zeigen, wie der Anstoß zu schöpferischem Handeln gegeben wird und wie dieses dann in der gesellschaftlichen Umgebung eine schöpferische Antwort erzeugt.

Sie erinnern sich, daß etwa drei Monate, nachdem Kitty und Lewin schließlich geheiratet haben, Lewin von der früheren Geliebten seines Bruders Nikolaj einen Brief erhält, der ihm mitteilt, sein Bruder liege im Sterben. Kitty übergibt ihm den Brief; er liest ihn und macht einen erschütterten Eindruck.

> »Was hast du? Was ist geschehen?«
>
> »Sie schreibt mir, daß mein Bruder Nikolaj im Sterben liegt. Ich muß zu ihm hin.«
>
> Kittys Gesicht nahm sofort einen anderen Ausdruck an. Tanja als Marquise, Dolly – alles war verschwunden.
>
> »Wann willst du reisen?« fragte sie.
>
> »Morgen.«
>
> »Ich komme mit – darf ich?« fragte sie.

»Kitty! Was fällt Dir ein?« sagte er vorwurfsvoll.

»Wieso?« sagte sie, gekränkt, daß er ihr Anerbieten ungern, ja ärgerlich aufzunehmen schien. »Warum soll ich denn nicht mit? Ich werde dir nicht im Wege sein, ich ...«

»Ich reise hin, weil mein Bruder im Sterben liegt«, sagte Lewin. »Was du aber ...«

»Was ich da zu tun habe? Dasselbe wie du!«

»In einem für mich so bedeutungsvollen Augenblick denkt sie nur daran, daß sie sich hier ohne mich langweilen wird«, dachte Lewin. [S. 742 f.]

Das ist ganz typisch für narzißtisches Denken. Während Tolstojs Roman viele Dinge berührt, behandelt er im Grunde hauptsächlich den narzißtischen Zustand, und Kitty und Lewin sind das am wenigsten narzißtische Paar in diesem Buch. Oblonskij und Dolly sind schon narzißtischer, und Anna und Karenin sind vollkommen im Narzißmus befangen. Aber Lewins Reaktion, wie ihm durch den Kopf geht: »Sie denkt nur daran, daß sie sich hier ohne mich langweilen wird«, wie er ihr das verachtenswerte und zu mißbilligende Motiv unterstellt, das ist typisch narzißtisch.

»Das ist unmöglich«, sagte er streng. [...]

»Ich aber sage dir, daß, wenn du hinreist, ich auch mitkommen will. Ganz bestimmt komme ich mit«, sagte sie hastig und zornig. »Warum ist es unmöglich? Warum sagst du, daß es unmöglich ist?«

»Gott weiß wohin fahren, auf schlechten Wegen, in schlechten Gasthäusern absteigen ... Du wirst mich nur genieren«, sagte Lewin, bemüht, kaltblütig zu scheinen.

»Durchaus nicht. Ich mache gar keine Ansprüche. Wo du bist, da kann ich auch sein ...«

»Schon weil diese Person da ist, mit der du nicht verkehren kannst.«

»Ich weiß nicht und will nicht wissen, wer und was da ist. Ich weiß nur, daß der Bruder meines Mannes im

Sterben liegt und mein Mann zu ihm hin will. Und ich reise mit meinem Mann, damit...«

»Kitty, sei nicht böse – aber du mußt bedenken: Diese Sache ist so ernst und so wichtig, daß es mir weh tut, zu sehen, wie du aus Schwäche, nur weil du nicht allein bleiben möchtest, dich dazu drängst. Wenn es dir hier zu einsam ist, so fahre doch nach Moskau.« [S. 743 f.]

Lewin äußert seinen negativen Gedanken, und das ist bezeichnend. Anna hingegen sinnt in der gleichen Weise über Karenin und Wronskij nach, sagt aber nicht, was sie denkt.

»Immer schiebst du mir schlechte, gemeine Gedanken unter«, sagte sie [Kitty] zornig und gekränkt, mit Tränen in den Augen. »Ich weiß von nichts dergleichen, von keiner Schwäche... Ich fühle, daß es meine Pflicht ist, bei meinem Mann zu sein, wenn er Kummer hat, du aber willst mir absichtlich weh tun, du willst absichtlich nicht verstehen...«

»Nein, das ist entsetzlich. Sklave sein müssen!« rief Lewin aufspringend und außerstande, seinen Ärger zu bezwingen. In demselben Augenblick aber fühlte er, daß er sich selbst schlug.

»Warum hast du denn geheiratet? Du hättest ja deine Freiheit behalten können. Warum hast du es getan, wenn du es jetzt bereust?« sagte sie, sprang auf und lief ins Gastzimmer.

Als er ihr nachkam, fand er sie in Tränen aufgelöst.

Er fing an, ihr zuzureden, er mühte sich, Worte zu finden, die sie, wenn nicht überzeugen, so doch beruhigen könnten. Sie hörte aber nicht auf ihn und ließ nichts gelten. Er beugte sich über sie und faßte ihre widerstrebende Hand. Er küßte ihre Hand, küßte ihr Haar, küßte wieder ihre Hand – sie schwieg immer noch. Als er aber ihr Gesicht in seine beiden Hände nahm und »Kitty!« sagte – da kam sie plötzlich zu sich, weinte noch etwas und versöhnte sich mit ihm.

> Es wurde beschlossen, morgen zusammen abzureisen. [S. 744]

Die narzißtische Haltung wird in den Motiven deutlich, die Lewin Kitty unterstellt; wichtig ist aber, daß Kitty nicht akzeptiert, was er von ihr behauptet. Sie spricht lauter und will nichts davon hören. Sehen wir uns dagegen Karenin und Anna an: Sie verstärken sich die ganze Zeit wechselseitig. Kitty hätte einfach verärgert sein können, sie hätte nach Moskau fahren und Dolly besuchen können, aber sie tut es nicht. Sie hat die Fähigkeit, auf ihre soziale Umgebung eine schöpferische Wirkung auszuüben. Wie wir wissen, reist Kitty mit Lewin, und es ist ganz klar, das er das, was sie tut, sehr zu schätzen weiß. Sie finden Nikolaj in den entsetzlichsten Verhältnissen. Kitty macht das Zimmer sauber und versorgt Nikolaj, was ihm eine große Wohltat ist; schließlich stirbt er. Ich glaube, daß dies der eigentliche Moment von Kittys und Lewins Heirat ist. Menschen können auf den Stufen des Altars, auf dem Standesamt oder wo auch immer geheiratet haben, doch oft sind sie deshalb noch lange nicht verheiratet; häufig bedarf es einer Krise, damit die Heirat wirklich stattfindet oder eben mißlingt.

Das zweite Beispiel stammt aus dem zweiten Buch von Graham Greenes Autobiographie (1980), wo er über den Kunstkritiker Herbert Read spricht (der bei der Veröffentlichung der Gesamtausgabe der Werke von C. G. Jung eine große Rolle gespielt hat). Graham Greene schreibt:

> Zweifellos war meine Begegnung mit Herbert Read ein wichtiges Ereignis in meinem Leben. Er war der sanftmütigste Mensch, dem ich je begegnet bin, doch war es eine Sanftmut, die durch die schlimmsten Erfahrungen seiner Generation hindurchgegangen war. Der junge Offizier, der für seinen Einsatz an der Westfront das Militärkreuz und einen DSO erhielt, hatte in all dem Schmutz und Tod Robert Bridges Anthologie *The Spirit of Man,* Platos *Staat* und den *Don Quichote* mit sich ge-

> tragen. Nichts hatte sich in ihm verändert. Zwanzig Jahre später war er derselbe wie zuvor; er konnte einen Raum voller Menschen betreten, und man bemerkte sein Kommen nicht – man bemerkte nur, daß sich im Stillen die ganze Gesprächsatmosphäre veränderte, daß sogar die Beziehung der Gäste untereinander anders wurde. Niemand sprach mehr aus Effekthascherei, und wenn man sich umsah, um eine Erklärung dafür zu finden, dann war er da – aus Lebenserfahrung die Redlichkeit in Person, hatte er den Raum betreten und ganz unauffällig Platz genommen. [S. 39]

Wir sprechen über Unterschiede im menschlichen Handeln, die wir nach ihrem Wert bestimmen. Wir messen Kittys Handeln einen Wert bei. Wenn wir von einem Menschen mit einem Hirnschaden sagen, er vegetiere nur noch, dann meinen wir, daß er kein menschliches Leben führt. In der Psychotherapie ist entscheidend, ob jemand fähig ist, seine soziale Umgebung schöpferisch zu gestalten.

Das verschmähte Objekt: der Lebensspender

Margaret Mahler sagte einmal, wenn ein Kind körperlich geboren wird, so heißt das nicht notwendig, daß es auch im psychologischen Sinne oder emotional geboren ist. Die emotionale Geburt beruht auf einer Wahl. Wenn die narzißtische Situation sich dadurch auszeichnet, daß jemand sein eigenes Selbst zum Liebesobjekt nimmt, dann ist die Frage, was die Alternative wäre? Es steht ein weiteres Objekt zur Wahl, und dieses alternative Objekt wird dann, wenn es gewählt wird, zur Quelle initiatorischen Handelns, und darauf gründet die Fähigkeit der Person, eine Quelle des Handelns zu sein.

Wir wissen aus eigener Beobachtung und aus Studien an Kindern, daß der Säugling sich ein Objekt, die Brust, die ihn nährt, sucht. Er sucht auch die Arme und den körperlichen Halt bei der Mutter. Doch was ist das Objekt? Es ist nicht nur die

Milch, die der Säugling sucht. Man kann sagen, der Säugling sucht die Brust und den tröstlichen Aspekt der Brust in Verbindung mit der mütterlichen Nahrung, mit Küssen, mit Gehaltenwerden und so fort. Doch dann muß man fragen, was der Mensch im späteren Leben, als Erwachsener sucht. Wenn die Suche nicht auf das Selbst gerichtet ist, worauf dann? Es ist falsch zu sagen, der Säugling suche die Brust oder die Mutter. Es ist die Brust, aber es ist auch nicht die Brust. Es ist die Mutter, aber es ist auch nicht die Mutter. Statt dessen muß man das Vorhandensein eines emotionalen Objekts annehmen, das mit der Brust, mit der Mutter oder im späteren Leben mit dem Anderen assoziiert wird; es ist *im* Anderen – ein Objekt, das jemand sucht als eine Alternative dazu, sich selbst zu suchen. Wenn emotional lebendig zu sein heißt, die Quelle schöpferischer emotionaler Handlung zu sein, bedarf es einer Hinwendung zu diesem Objekt, und dieses Objekt muß eingenommen werden. Ich nenne dieses Objekt den *»Lebensspender«*. Man könnte es auch anders nennen, aber irgendein Terminus ist nötig, um das Objekt, das vom Selbst unterschieden ist und ihm gegenübersteht, das Objekt, das das Ich sich wählen kann, zu bezeichnen.

Was ist der *Lebensspender* für ein Wesen? Er ist ein psychisches Objekt und befindet sich in Relation zu einer Brust, einem Penis, einer Vagina, dem Selbst, dem Analytiker oder dem Therapeuten. Obgleich er an sich keines dieser primären Objekte der Befruchtung oder Ernährung selbst ist, besitzt er dennoch keine von ihm unabhängige Existenz.

Ich möchte betonen, daß ich, wenn ich von schöpferischem Handeln spreche, nicht Manipulation meine. Bei der Manipulation versucht jemand, andere Menschen durch Druck dazu zu bringen, das zu tun, was er will. Beim schöpferischen emotionalen Handeln ist die Reaktion frei – das wird vielleicht in der Passage über Kitty und Lewin nicht so deutlich, außer darin, daß die beiden all ihre Gefühle offen ausdrücken. Betrachtet man dagegen manche Szenen zwischen Anna und Karenin, so haben die beiden alle möglichen mörderisch negativen Gefühle, die nicht verbalisiert werden. In dem Beispiel von Graham Greene lesen wir, daß, sobald Herbert Read den Raum betrat, sich das Verhalten der Leute zueinander veränderte. Das war eine freie Reaktion, nichts, wozu sie gezwungen wurden. Es ist sehr wichtig zu unterscheiden, wann ein schöpferisches Handeln vorliegt, das eine freie Reaktion begünstigt, und wann Manipulation.

Wir haben alle ein Bedürfnis nach mehr als bloßem Überleben. Fast jeder hier [bei der Vorlesung] war bereits in Psychotherapie. Das bedeutet, wir sind unzufrieden, wir wollen mehr. Wenn ein großes Unglück geschähe, wenn eine Atombombe Sydney träfe und es uns gelänge, am Leben zu bleiben, dann würden wir für unser Überleben sorgen und nicht zur Psychotherapie gehen. Aber 2 500 Jahre später, wenn wir uns von der Katastrophe erholt hätten, würden wir wieder mehr wollen, als nur zu überleben. Wir haben den Wunsch in uns, mehr zu sein als bloß passive Empfänger.

In einem sehr interessanten Aufsatz, »Der Patient als Therapeut seines Analytikers«, schreibt Harold Searles (1975), in jedem Menschen gebe es das Bedürfnis zu heilen. Mit anderen Worten, es gibt ein Bedürfnis, den anderen zu verändern, und zwar ihn auf eine bestimmte Weise zu verändern. Searles sagt, diejenigen von uns, die Psychotherapeuten geworden sind, entsprächen einem allgemein menschlichen Bedürfnis. Er sagt, es bereite dem Kind großen Kummer, wenn es merke, daß die Mutter in irgendeiner Weise gestört, gleichsam krank sei. In dieser Situation versuche das Kind, sie zu heilen. Searles überträgt das auf die therapeutische Situation, wo ein Patient in einem solchen Fall versucht, den Therapeuten oder Analytiker zu heilen.

Kitty vollbringt, indem sie die niedrigen Motive von sich weist, die Lewin ihr unterstellt, in bezug auf ihn insofern einen Heilungsakt, als sie die von Lewin eingenommene narzißtische, verächtliche Haltung unterläuft.

Letztlich (und das sagt Searles) ist dieser äußere Wunsch zu heilen ein Symbol für die innere Aufgabe, die Aufgabe nämlich, die verschiedenen Teile unseres Selbst zu einer Einheit zu bringen. Psychologen haben auf die Verbindung zwischen Motivation und Emotion hingewiesen. Das ist der wahre Ort der Heilung. Darin besteht die emotionale Aufgabe. Es ist wahr, daß man als Psychotherapeut nicht jemandes Sadismus, Eifersucht oder Homosexualität deuten kann, wenn man die gleichen Dinge in sich selbst fürchtet. Es gelingt einem nicht. Das ist der Grund, weshalb Supervision immer ihre Grenzen hat.

Wir können unmöglich die Quelle schöpferischen Handelns sein, wenn die verschiedenen Teile in uns nicht miteinander verknüpft sind. Die Teile fangen erst an, Kohärenz zu gewinnen, wenn wir uns *für* den *Lebensspender* und *gegen* die narzißtische Option entschieden haben. Die narzißtische Option führt zum Schein einer Einheit, dahinter aber steht Uneinigkeit. Wenn auch meine Formulierung anders ist, entspricht sie dem, was Winnicott meint, wenn er vom wahren und vom falschen Selbst spricht. In der narzißtischen Situation verwendet das Individuum einen Großteil seiner Energie darauf, den Anschein zu erwecken, es handele kohärent, wenngleich es das faktisch nicht tut.

Definition des Lebensspenders

Ich möchte nun zu der Frage zurückkehren, was für ein Objekt der *Lebensspender* ist. Folgende Analogie: Die meisten von uns würden zustimmen, daß Freundschaft etwas Wirkliches ist – wirklich, sofern sie untrennbar mit wirklichen Menschen verbunden ist. Wenn in einer Freundschaft ein Partner stirbt, dann ist die Freundschaft zu Ende. Und dennoch, ist sie zu Ende? Es gibt zwei Möglichkeiten. Wenn ich einen engen Freund hatte, der gestorben ist, und ich würde Ihnen erzählen, ich unterhielte mich jeden Abend mit ihm, dann würden Sie wahrscheinlich sagen: »Neville spinnt ein bißchen.« Würde ich hingegen nach dem Tod meines Freundes sagen, nun sei Schluß, es sei nichts mehr übrig, so würden Sie mich auch für etwas merkwürdig halten. Dazu fallen einem die poetischen Zeilen ein:

Tell me how love comes?
It comes unsought, unsent.
Tell me how love goes?
That was not love that went.

Freundschaft ist eine psychologische Wirklichkeit, die in zwei Menschen existiert, und doch ist sie nicht ganz und gar in ihnen enthalten. Der *Lebensspender* ist ein Objekt von dieser Art. Er ist ein psychisches Objekt, das nicht unabhängig von einer Brust, einer Mutter, einer Vagina, einem Penis, einem Vater existiert. Noch eine weitere Analogie: Nehmen Sie das Wort »Form«. Eine Form kann nicht anders existieren als in dem Material, aus dem sie geformt ist, aber sie ist nicht das Material selbst.

Der *Lebensspender* ist real und für unser seelisches Leben ebenso wesentlich, wie wir sagen können, daß Freundschaft ein wesentlicher Bestandteil menschlichen Glücks ist. Die große Frage ist: »Wie entsteht der *Lebensspender*?«

Viertes Kapitel

Die Intentionalität des Selbst

Ich habe oben gesagt, der intentionale Kern des Selbst könne sich gegen das Objekt richten, das ich den *Lebensspender* genannt habe. Das Selbst kann ihn zurückweisen, kann ihm den Rücken kehren. Innerhalb der psychoanalytischen Theorie stehen wir hier wahrscheinlich Fairbairn (1976) näher als allen anderen. Er meinte, das Ich kann sagen: »Ich will mit diesem Objekt nichts zu tun haben«, doch weil der Instinkt fortbesteht, ist es dem Selbst unmöglich, dieses Objekt gänzlich zu verstoßen. Wenn man akzeptiert, daß der *Lebensspender* die Quelle des emotionalen Lebens, aber auch die Quelle des biologischen Überlebens ist, daß diese beiden miteinander verbunden sind, dann kann das Selbst ihn nie gänzlich ausschalten. Deshalb findet eine Spaltung statt, bei der sich ein Teil des Selbst gegen den *Lebensspender* wendet. Da der *Lebensspender* im Selbst verkörpert ist, betrifft die Teilung wie die Zurückweisung das eigene Wesen des Selbst, was dazu führt, daß eine antirelationale Haltung eingenommen wird. Das ist etwa so, wie wenn ein Gefangener sagt: »Mit diesen Gefängniswärtern habe ich nichts zu tun«, aber er muß mit ihnen etwas zu tun haben, um seine Mahlzeiten und andere Versorgung zu erhalten, sonst stirbt er.

Diese Abwendung vom *Lebensspender* bildet den Kern des Narzißmus. Narzißmus steckt nicht in dem einen oder anderen Teil, sondern in der Art und Weise, wie sich ein Teil des Selbst zu dessen anderen Teilen verhält. Ähnlich wäre es, wenn jemand von Ihnen mich beleidigen würde und ich mich daraufhin abwende und mir sage: »Mit dem rede ich nicht mehr.« Faktisch bin ich gezwungen, mit ihm zu reden, denn wir werden uns weiterhin treffen; also sage ich mir: »Ich werde mit ihm sprechen, ihn anlächeln und höflich zu ihm sein, aber in Wahrheit will ich nichts mit ihm zu tun haben.«

Der *Lebensspender* entsteht, *indem er gewählt wird* – etwa so wie Freundschaften entstehen, indem zwei Menschen sich einander zuwenden. Farbe ist vielleicht ein noch besseres Bild dafür. Wie wir wissen, ist Farbe nur da, wenn wir sie sehen. Auge und Gehirn setzen Lichtwellen in Farben um, die Farbe Blau beispielsweise kommt bei einer anderen Brechung zustande als Rot und so fort. Farbe entsteht durch eine Wahrnehmungshandlung. Der *Lebensspender* entsteht durch Option. Das Paradox besteht darin, daß seine Existenz unabhängig ist, er aber nicht existiert, ohne gewählt worden zu sein.

Kommen wir auf die Situation zurück, in der ich sage: »Ich werde mit diesem Menschen sprechen, denn es bleibt mir nichts anderes übrig, aber in Wahrheit will ich nichts mit ihm zu tun haben.« Sie zeigt, daß ich zwischen meinem nach außenhin dargestellten Selbst und meinem eigenen Herzen, zwischen dem, was ich denke, und dem, was ich wünsche, trennen kann. Wann immer es zu einer solchen Trennung kommt, ist die innere Person äußerst verletzlich und empfindlich. Es ist für eine solche Person daher sehr schwierig, sich in einer Situation treu zu bleiben, in der sich der Prozeß für sie umkehren könnte.

Als ich in England war, hatte ich einmal eine Patientin vom National Health Service. In London gibt es nur sehr wenige Plätze für psychodynamische Psychotherapie über den Health Service, so daß Leute, denen es schlecht geht, große Schwierigkeiten haben, eine solche Psychotherapie zu erhalten. Diese Patientin wurde an die Klinik, an der ich arbeitete, überwiesen, und es war vom ersten Gespräch an klar, daß sie mich nicht mochte. Doch sie sagte sich (wie ich glaube): »Ich muß mit diesem Mann irgendwie auskommen. Ich bin krank und will, daß es mir besser geht.« Diese Entscheidung war für sie ein heilsamer Schritt und meiner Ansicht nach der Beginn ihrer Befreiung von Narzißmus. Es ist entscheidend, daß sie verzweifelt war und in ihr ein gesundes Ringen stattfand.

Das steht in Gegensatz zu einer anderen Gelegenheit, bei der eine Frau zu mir kam und mir von den verschiedenen Psychotherapeuten erzählte, die sie hatte aufsuchen wollen, die aber nie einen Platz für sie frei hatten. Daraufhin fragte ich sie: »Haben Sie Montag morgen um zehn Uhr Zeit?« (Es war Freitag.) Sie sagte ja, also bot ich an: »Wie wäre es, am Montag anzufangen?« Sie sagte zu, erschien aber nicht. Sie verharrte in der Haltung: »Das Leben ist ungerecht zu mir.« Sie hing an der Klage, daß kein Psychotherapeut sie annehmen würde. Sie hatte den *Lebensspender* verschmäht, sie verschmähte die Gelegenheit, als sie sich bot.

Diese Abwendung vom *Lebensspender* ist eine Abwendung vom Selbst. Leben ist ein potentielles Wachsen. Mystiker und Spiritualisten sagen, man gehe entweder vorwärts oder zurück, stillstehen könne man nicht. Man kann niemals sagen: »Gut, jetzt habe ich mein Ziel erreicht, hier kann ich den Rest meines Lebens bleiben.« Der Psychoanalytiker Wilfred Bion hat gesagt, es sei ein verhängnisvoller Tag, wenn jemand »sich in mittleren Jahren zur Ruhe setzt«. Das Individuum steht immer vor Entscheidungen.

Der Ursprung der Abwendung vom Lebensspender

Der Narzißt ist jemand, der dem *Lebensspender* den Rücken gekehrt hat, und ich glaube, das geschieht sehr früh in der Kindheit. In der ersten Zeit ist die Mutter für das Kind die Quelle für Essen, Trinken und Schutz, und das Kind ist vollkommen abhängig von ihr. Die enge Bindung des Kindes an die Mutter hat Frances Tustin (1972) gut beschrieben. Wenn sich eine Trennung oder Störung ereignet, kann das Kind darauf mit Abwendung von der Mutter und Rückzug in sich selbst reagieren. Ich möchte betonen, daß in der kindlichen Reaktion ein intentionales Element liegt.

Ich habe darüber mit verschiedenen Leuten diskutiert, die in der Tavistock-Klinik in London mit der Beobachtung von Säuglingen zu tun haben. Sie sagten mir, sie seien überzeugt, daß es in der frühen Kindheit bestimmte Situationen gebe, in denen der Säugling die Wahl hat, den einen oder anderen Weg zu gehen; manchmal ist dieser, manchmal ein anderer Weg verschlossen.

Ich möchte ein Beispiel aus der Psychotherapie eines achtjährigen Jungen geben, der eine Schulphobie hatte und ein äußerst kriminelles Verhalten an den Tag legte. Bei der Therapie verspritzte er Wasser im ganzen Raum, machte alle Spielsachen kaputt, die die Therapeutin für ihn bereitgestellt hatte, urinierte auf den Boden, versuchte, der Therapeutin den Rock hochzuheben, versuchte, um hinauszugelangen, die Scheiben einzuschlagen, und so fort. Das einzige, was die Psychotherapeutin tun konnte, war, Grenzen zu setzen: Es gab bestimmte Dinge, die sie nicht erlaubte. Nach sechs Monaten Therapie, kurz vor einer Ferienpause, nahm der Junge ein Stück Papier und einen Stift und zeichnete ein Gesicht, dem zwei Tränen aus den Augen quollen. Es war eindeutig das Gesicht eines Säuglings, denn er hatte nur zwei kleine Zähne im Unterkiefer. Das Bild war in blitzartiger Geschwindigkeit gezeichnet, gleich darauf ging der Junge wieder zu seinem üblichen höhnischen und zerstörerischen Verhalten über. Die Psychotherapeutin verstand, daß das Bild den Säugling in diesem Kind darstellen sollte, der über die bevorstehende Trennung traurig war, was das Kind schnell wieder mit dem spottenden Rabauken überdeckte. Es war das erste Mal, daß der Junge etwas derart Konstruktives getan hatte wie Zeichnen, und es war auch das erste Mal, daß er sein zerstörerisches Verhalten eingestellt hatte, wenn auch nur für eine Minute.

In der nächsten Sitzung dachte der Junge sich ein Spiel aus, zu dem er die Psychotherapeutin einlud. Bei diesem Spiel verwandelte er die Psychotherapeutin in eine Verkäuferin und erklärte zwei Gegenstände zu Münzen. Er wollte eine einsetzen, meinte aber, die Verkäuferin habe gesagt, wenn er ihr all sein Geld, beide Münzen, gäbe, bekäme er eine Belohnung. Das sei ein Risiko, sagte er, denn die Verkäuferin könnte ihn reinlegen wollen. Er zögerte, dann reichte er der Psychotherapeutin seine beiden Münzen und sah sie dabei an. Darauf zog er sich in einen Teil des Raumes zurück, den er »zu Hause«

nannte. Nachdem er gewartet hatte (auch das etwas Neues, nie zuvor hatte er gewartet oder eine Pause gemacht), rollte er einen großen Wagen voller Waren aus dem Laden nach Hause. Die Psychotherapeutin erzählte mir, daß seit diesem Tag die Therapie einen anderen Verlauf nahm und ruhiger und gesitteter wurde.

Die Münzen, die der Junge einsetzte, schienen eine Gabe aus seinem Inneren darzustellen: ein Risiko, eine Wahl. Es bestand das Risiko, daß die Sache schlecht ausginge; er wählte den *Lebensspender.* Sie ging insofern gut aus, als der Junge ruhiger und weniger ängstlich wurde. Die Therapie wandelte sich, und ich meine, das Spiel, dem die Zeichnung des traurigen Babygesichtes vorausgegangen war, war die dramatisierte Ankündigung der ruhigeren Haltung, die während der nächsten Monate anhielt. Das Spiel funktionierte in der gleichen Weise, wie Träume das manchmal tun.

Wenn wir über das Innenleben von Menschen sprechen, so sprechen wir über etwas Unbekanntes. Die Zeit- und Raumkategorien, die für die dreidimensionale Welt gelten, passen nicht, also erfinden wir Mythen, um besser verstehen zu können. Daß es sich um Mythen handelt, heißt nicht, daß sie unwahr, es bedeutet, daß sie wesensverwandt sind. Mythen sind unsere Weise, über eine Wirklichkeit zu sprechen, die man nicht direkt erkennen kann. Der Philosoph Immanuel Kant unterschied zwischen *noumenon* und *phenomenon. Noumenon* ist die Wirklichkeit, die man niemals direkt erkennen kann, während *phenomenon* deren Manifestation ist, mit der wir in Berührung kommen. Stellt man einen Topf mit Wasser auf den Herd und nach einigen Minuten steigt Dampf auf, so weiß man, daß die Herdplatte heiß ist, auch wenn man das nicht unmittelbar sehen kann.

Die Menschen haben immer Entstehungsmythen, Kosmogonien geschaffen. Wir mögen herablassend über manche Kosmogonien primitiver Völker lächeln, aber die Urknall-Theorie ist ebenfalls eine Kosmogonie. Wir haben das Bedürfnis, der Gegenwart einen Sinn, eine Bedeutung abzugewinnen, und wir haben auch das Bedürfnis, in unserem individuellen Leben einen Sinn zu sehen. Psychoanalytische Entwicklungstheorien, in denen wir für das Säuglingsalter bestimmte Ereignisse sowie ihre Folgen annehmen, sind Mythen. Ich will jetzt eine Kosmogonie vorstellen, in der der narzißtische Zustand einen Sinn bekommt. Um eine Analogie zu dem zu finden, was bereits im Säugling geschieht, ist es nützlich, die Geschichte auf die Ebene der Erwachsenenwelt zu heben, besonders in den Bereich von Liebesbeziehungen, und sie dann erst in die Kindheit zurückzuprojizieren. Viele große Romane lassen sich so lesen.

Der Mythos des Cassius

Ein Jüngling namens Cassius hatte sich in der Wildnis verirrt. Er ging in diese und in jene Richtung, konnte aber den Weg zurück zu den menschlichen Behausungen nicht finden. Er hatte Angst, er müsse sterben. Da kam er an eine fruchtbare Lichtung. Um ihn her standen Bäume voll der köstlichsten, verschiedenartigsten Früchte, und es gab eine Quelle mit schönem, klarem, sprudelndem Wasser. Seine Umgebung gefiel ihm so gut, daß er den Gedanken, den Weg zur Zivilisation zurück zu suchen, aufgab. Er verbrachte all seine Tage damit, in der Lichtung umherzuwandern, zu schlafen, zu essen und zu trinken. So schnell er die Früchte aß, so schnell reiften neue nach. Sogar sexuell war er zufrieden: Wann immer ein sexuelles Bedürfnis in ihm erwachte, erschien eine Nymphe und koste ihn, wo immer ihm das Vergnügen bereitete. Dann schlief er ein, und die Nymphe verschwand. Die Nymphe kümmerte sich auch in anderer Weise um ihn. Wenn ihn nach Musik verlangte, spielte sie auf den verschiedensten Instrumenten für ihn auf. Wenn er Literatur begehrte, las ihm die Nymphe vor, während er in seiner kühlen Laube lag. Er verbrachte seine Tage in paradiesischer Selbstvergessenheit und hielt sich für den glücklichsten Menschen auf Erden.

Als Cassius etwa ein Jahr lang auf der Lichtung gelebt hatte, erwachte er eines Morgens mit Kopfschmerzen, und die Nymphe konnte nichts dagegen tun. Er begann, eine seltsame Ruhelosigkeit in sich zu verspüren. Er konnte nicht begreifen, was ihm fehlte. Er wanderte in der Lichtung umher, aß von den Früchten, trank von dem sprudelndem Wasser, aber es befriedigte ihn nicht. Gerade als er sich schlafen legte, wurde ihm klar, daß er sich nach einem Freund sehnte. Er kannte den Mythos des Narkissos, also ging er am nächsten Morgen, um sich selbst im Wasser zu sehen, doch fühlte er sich immer noch einsam. Er versuchte sogar zu rufen, um ein Echo zu hören, aber auch das brachte ihm keinen Trost. Als er am nächsten Tag erwachte, beschloß er, so lange auf geradem Wege aus der Lichtung hinauszugehen, bis er jemanden fände. »Ich langweile mich, so allein«, sagte er. Er ging und ging, bis er an einen breiten Strom kam, auf diesem Strom sah er ein Mädchen rudernd in einem Boot. Er rief ihr zu und fragte sie nach ihrem Namen.

»Ich heiße Miriam«, rief sie zurück.

»Bitte, komm zu mir«, rief er. Sie ruderte heran. »Nimm mich in dein Boot«, bat er. »Ich möchte dein Freund sein.«

»Aber du kennst mich doch gar nicht«, sagte sie.

»Sag mir, wo du wohnst«, bat er.

»Ich wohne weit weg von hier, in einem Garten, den ich mir mit großer Mühe ganz allein angelegt habe. Ich habe von diesem Fluß aus einen Kanal in meinen Garten gelegt, um ihn zu bewässern. Jeden Tag stehe ich auf und dünge den jungen Boden. Ich grabe und säe, ich ernte den Weizen, mahle das Korn und mache Mehl. Jeden Tag backe ich Brot. Ich ziehe Obstbäume. Ich habe mir aus dem Holz eines Kastanienbaumes eine Geige gebaut: Die Saiten habe ich aus in Harz getauchtem Hanf gemacht. Wenn ich meinen Garten versorgt habe, spiele ich Geige. Am Nachmittag setze ich mich an meinen Tisch in dem kleinen Haus, das ich mir gebaut habe, und schreibe an meinem Roman. Am Abend bereite ich mir ein Essen.«

»Laß mich mit dir wohnen«, sagte Cassius.

»Ich habe schwer gearbeitet, um meinen Garten anzulegen«, antwortete Miriam. »Du darfst nur bei mir wohnen, wenn ich von dir ein Kind bekomme.«

»Ich will dir gerne ein Kind geben«, sagte Cassius.

»Dann werde ich für das Kind sorgen, und du wirst früh morgens aufstehen, den Boden düngen, du wirst das Brot backen und mir auf der Geige vorspielen, während ich unser Kind nähre.«

»Das kann ich alles tun«, sagte Cassius forsch und fröhlich.

»Ein Letztes muß ich dir noch sagen«, sagte Miriam. »Es ist das Gesetz der Wildnis: Wenn ich dich in meinem Boot mit über den Fluß genommen habe, werde ich das Boot verbrennen, und du kannst niemals in deine Lichtung zurückkehren, du hast sie für immer verloren.«

Da runzelte Cassius die Stirn, und dieses Stirnrunzeln rief die Nymphe herbei. »Wozu brauchst du das denn?« fragte die Nymphe. »Ich kann dir alles geben, was sie dir geben kann. Willst du Musik, ich gebe sie dir. Willst du Sex, ich sorge dafür. Willst du schöne Literatur, lese ich dir mit wohlklingender Stimme vor. Willst du Nahrung, so hast du sie im Überfluß auf der Lichtung.«

Die Nymphe führte ihn zurück zu der Lichtung und zeigte ihm, was er alles verlieren würde. Die Nymphe war listig. »Du kannst alles haben, was sie dir bietet, ohne die Lichtung zu verlassen, ohne den Fluß zu überqueren. Ich zeige es dir.« Die Nymphe rieb daraufhin Cassius am ganzen Körper mit einer duftenden Salbe ein und sagte: »Welchen Namen du nun auch immer rufst, du wirst die schönste Begleiterin bei dir haben.«

Cassius dachte einen Augenblick nach. Er wollte »Miriam« rufen, aber das Wort kam nicht so aus seinem Mund, wie er gewollt hatte. Statt dessen klang es wie »Marian«. Alsbald erschien ein schönes Mädchen in der Lichtung, das ihn überallhin begleitete. Ein Jahr lebte er mit Marian in der Lichtung, doch eines Morgens, als er erwachte, war sie verschwunden. Erst dann erinnerte er sich an Miriam. Er eilte zum Fluß, wo er sie im Boot gesehen hatte, und rief nach ihr. Miriam kam mit ihrem Boot, sagte aber, es sei zu spät. Sie habe einen anderen Mann gefunden und jetzt ein Kind bekommen. Cassius kehrte zur Lichtung zurück, ging geradewegs zur Quelle und ertränkte sich.

Eine Deutung des Mythos

Bei der Deutung des Mythos möchte ich mich auf das Element der Ablehnung konzentrieren. Warum besaß die Nymphe eine solche Macht über Cassius? Man ist versucht, den Grund in dem erotischen Paradies zu sehen, das die Nymphe ihm anbot. Das ist ein wichtiger Punkt, und ich werde darauf eingehen, wenn es um jenen Aspekt des Narzißmus geht, in dem das Selbst sich selbst zum erotischen Objekt wählt. Hier möchte ich zunächst auf das Prinzip der Auslassung zurückkommen, also auf das, was nicht getan wurde.

Cassius glaubte, alles zu besitzen; was er jedoch nicht besaß, war die Fähigkeit, aus seinem eigenen Selbst etwas zu geben. Um es genauer zu sagen, er *glaubte*, diese Fähigkeit nicht zu haben. Hätte er den Fluß mit dem Boot überquert, so hätte er der Tatsache ins Auge sehen müssen, daß alles, was er von früher her kannte, bloßer Schein gewesen war. Die Person auf der anderen Seite des Flusses wußte viel besser Bescheid als er, wie man aus sich selbst heraus schuf und erzeugte. Um den Fluß zu überqueren und zu verwirklichen, was Miriam vorgeschlagen hatte, hätte er von ihr lernen müssen, hätte er gleichsam Kind sein müssen. Eine solche Demütigung empfand er als abschreckend. Er zog es vor, in der Isolation zu bleiben, und erträumte sich eine vollkommene Marian. Zu den vorherrschenden Zügen des Narzißmus gehört der abgrundtiefe Haß dagegen, klein zu sein, am Anfang zu stehen, sich jemandem anzuvertrauen, der einem etwas beibringen kann.

Der Unterschied zwischen Miriam und Cassius besteht darin, daß Cassius in einem Paradies *sich selbst vorfindet,* während Miriam ihren Garten aus sich heraus geschaffen hat. Melanie Klein sagt – wie ich meine, zu Recht –, daß die Schöpferkraft des Individuums das Objekt eben dieses Neides, dieses haßerfüllten Seufzers ist. Cassius bewundert das Ergebnis von Miriams Tun, aber er haßt die intentionale Aktivität, die sie das hat schaffen lassen. Von diesem Haß wissen wir nichts. Er ist in einer geheimen Kammer unseres Wesens verborgen.

Eine gute Illustration dafür bietet eine Stelle aus *Anna Karenina,* wo Wronskij und Anna in Italien sind und Wronskij mit dem Malen begonnen hat.

> Nachdem er eine Zeitlang geschwankt hatte, welche Gattung der Malerei er wählten sollte: religiöse, historische, realistische oder Genremalerei, machte er sich ohne weiteres ans Malen. Er hatte Verständnis für alle Gattungen und konnte sich von der einen wie von der anderen anregen lassen, er konnte sich aber nicht vorstellen, daß man überhaupt nicht zu wissen brauche, was es für Kunstgattungen gibt, und einfach durch das, was die eigene Seele erfüllt, zum Schaffen angeregt werden könne, ohne danach zu fragen, ob das so Entstehende in eine bestimmte Gruppe eingereiht werden könne. Da er das nicht wußte und den Antrieb zum Schaffen nicht unmittelbar aus dem Leben, sondern mittelbar aus einem in der Kunst schon verkörperten Leben schöpfte, so war er sehr schnell und leicht angeregt und erreichte ebenso schnell und leicht, daß alles, was er malte, jener Gattung, die er nachahmen wollte, sehr ähnlich war. [S. 710]

Tolstoj sagt, Wronskij sei nicht unmittelbar aus seiner Seele heraus zum Schaffen inspiriert worden, folglich mochte seine Malerei zwar nicht schlecht gewesen sein, doch bestand ein grundlegender Unterschied zwischen dem, was er produzierte, und dem, was wir ein echtes, ursprüngliches Werk nennen würden.

Wie oben bereits erwähnt, liegt eine Schwierigkeit des Narzißmus als Charakterstruktur darin, daß alle Anstrengungen des Individuums darauf ausgerichtet sind, die wirkliche Situation vor sich selbst und vor anderen zu verbergen. Im weiteren Verlauf macht Wronskij die Bekanntschaft des Malers Michajlow, der Anna porträtiert. Daraufhin verliert Wronskij das Interesse an seiner eigenen Malerei und pflichtet seinem Freund Golenischtschew bei, der meint, Michajlow sei auf Wronskij neidisch, weil dieser, ein reicher Mann von hohem gesellschaftlichem Rang, ebensogut malen könne wie er selbst, der sein ganzes Leben der Malerei gewidmet habe. Tolstoj deutet aber den eigentlichen Grund an: Wronskij hat sein Porträt von Anna aufgegeben, weil er selbst auf Michajlows Fähigkeit, aus der Seele heraus zu malen, neidisch ist. Das ist der eigentliche Kern und die Verbindung zu dem, was ich über den *Lebensspender* gesagt habe. Entscheidet man sich für den *Lebensspender*, so wird er zum inneren Handlungsprinzip. Er entsteht im Selbst, indem man sich für ihn entscheidet, ihn wünscht.

Cassius haßt die innere Schöpferkraft, die er bei Miriam vorfindet, und sein Haß macht ihn unschlüssig. Er bekommt ein Zeichen, den Fluß zu überqueren, ist dazu aber nicht imstande. Eine ähnliche Situation gibt es in *Anna Karenina,* als Lewins Bruder Kosnyschew zu Kitty und Lewin zu Besuch kommt und beginnt, Warenka den Hof zu machen. Es ist klar, daß er sich ihr erklären möchte und daß Warenka ihn auch liebt. Sie sind allein beim Pilzesammeln. Der Augenblick ist günstig, aber er läßt ihn verstreichen. Irgend etwas hält ihn zurück, eine tiefsitzende Verweigerung.

Stellen wir uns Cassius als Säugling und Miriam als seine Mutter oder vielleicht als den *Lebensspender* vor. Cassius bewundert Miriam. Das Kind bewundert die schöpferische Fähigkeit seiner Mutter, ihre Fähigkeit, aus sich selbst heraus zu schaffen. Doch hinter dieser Bewunderung liegt bitterer Neid. Cassius schafft sich eine illusionäre Miriam: Marian, doch Marian ist ein Phantasiegebilde. Marian ist ein Teil von Cassius. Cassius versucht, sein intentionales Selbst in einer illusorischen Konstruktion zu ertränken, und sabotiert es damit. Er begeht Selbstmord, vollzieht eine psychologische Selbsttötung. Er wird in seiner Phantasie zu der bewunderten Gestalt. Das ist der Ursprung des Narzißmus. Der gleiche Selbstmord liegt in Wronskijs Kopien, in seinem Eintauchen in die Farbkomposition eines anderen.

Ein recht häufiges Verfahren, typisch in der Geschichte Wronskijs, ist die Verleugnung dessen, was die Person insgeheim tatsächlich beneidet. In einer solchen Situation erzeugt die Person, die von narzißtischen Zügen geprägt ist, in ihrer Umgebung Neid, um sich dann mit diesem äußeren Neid identifizieren zu können, ohne etwas von der abscheulichen Zerstörung des Selbst, die sich innen abspielt, zu erleben. Ich kannte einmal einen Geschichtsprofessor, der an der Universität ausgezeichnete Vorlesungen hielt; wenn Kollegen ihn darauf ansprachen und sagten: »Sie müssen wirklich schwer gearbeitet haben, um diese Vorlesung zu schreiben«, dann sagte er ganz nonchalant: »Ach, das habe ich mir erst gestern abend beim Baden einfallen lassen.« Das stimmte natürlich nicht, rief aber eine Art vorübergehenden Neid hervor, der ihn von etwas ablenkte, das furchtbar zerstörerisch in ihm war. Diesen Aspekt sieht man bei Wronskij sehr deutlich.

Auf den tragischen Seiten vor Annas Selbstmord ist all ihr Sinnen und Trachten darauf gerichtet, herauszufinden, ob Wronskij sie liebt oder nicht, statt ihre schöpferische Aktivität darauf zu richten, seine Liebe zu erlangen.

Diesen Kurzschluß, das Naheliegende nicht zu tun, das nötig wäre, um das Gewünschte auch wirklich eintreten zu lassen, habe ich im Cassius-Mythos darzustellen versucht. Eine der fundamentalsten narzißtischen Klagen ist: »Niemand liebt mich.« Menschen können jemanden lieben oder nicht lieben, ob sie aber jemanden tatsächlich lieben – oder jemanden hassen –, ist das Ergebnis einer Handlung.

Auf irgendeiner frühen Stufe der Kindheit gibt es also die Ablehnung des *Lebensspenders*, dann wendet sich das Ich um und wählt das eigene Selbst zum Liebesobjekt. Aber, wie ich bereits sagte, stimmt das nicht ganz. Denn wohl oder übel ist das kindliche Selbst gezwungen, sich gleichzeitig auch *für* den *Lebensspender* zu entscheiden, um nicht sein Leben aufs Spiel zu setzen; also spaltet sich das Selbst, und ein anderer Teil verweigert diese Option. Das hat zur Folge, daß nur ein Teil des Selbst in sich die Quelle der Handlung und die Quelle der Kohärenz trägt. Inwieweit der *Lebensspender* als Handlungsquelle innerlich tatsächlich zur Verfügung steht, hängt davon ab, bis zu welchem Grad diese Spaltung stattgefunden hat, also wie viele Teile des Selbst den *Lebensspender* verweigert haben.

Ich habe hier durchgängig impliziert, daß von der Persönlichkeit zwei Arten von Handlungen ausgehen, und das zeigt sich auch im Mythos. Die eine Handlung haben wir, wenn Cassius die Nymphe herbeiruft, und die andere, wenn Miriam tatsächlich etwas tut – einen Kanal gräbt, den Garten bewässert und so fort. Im einen Fall wird jemand von außen herbeigerufen, um etwas zu tun, im anderen ist das Selbst der Ausführende der Handlung. Die eine Tat ist manipulatorisch, die andere wirklich schöpferisch. Cassius ist, wenn er die Nymphe herbeizitiert, manipulatorisch. Und die extremste Art des schöpferischen Handelns ist die von Graham Greene bezüglich Herbert Read beschriebene. Beide Arten von Handlung bestehen nebeneinander in ein und derselben Person, aber sie variieren erheblich in ihrem Ausmaß.

Ich kann glauben, ich sei ein Psychoanalytiker, wenn ein Institut für Psychoanalyse mich zu einem solchen erklärt; oder ich bin verheiratet, weil der Standesbeamte im Rathaus mich für verheiratet erklärt hat; doch das ist in Wirklichkeit Magie. Dabei wird das persönliche, schöpferische Handeln, das stattfinden muß, umgangen. Wenn ich den narzißtischen Schritt getan und mich im Bild eines anderen begraben habe, wenn ich in mir diese Grundquelle des Handelns in der Psyche nicht gefunden und mich von dem Kind in mir abgewandt habe, dann habe ich mich in ein grandioses Selbst versetzt. Das grandiose Selbst ist außerordentlich verletzlich, und eines seiner sichtbarsten Kennzeichen ist, daß ich großes Aufhebens davon mache, wenn ich beleidigt bin oder wenn etwas nicht so geht, wie ich will, denn ich bin ein König, den man frustriert hat.

Wenn dieser Akt der Verweigerung stattgefunden hat und es, wie bei Wronskij, keine Inspiration von innen gibt, wie soll ich dann mit den Lebenskrisen fertig werden? Wie soll ich mich damit arrangieren? Die Annahme des Selbst als ein erotisches Objekt ist ein Ersatz für schöpferisches Handeln.

Fünftes Kapitel

Die Erotisierung des Selbst

Die Psyche ist die Quelle des Handelns, und es ist hilfreich, bei diesem Handeln zu unterscheiden zwischen dem, was wir die motorische Aktivität nennen können, die auf Überleben ausgerichtet ist, und der emotionalen Aktivität, die uns befähigt, zu anderen in Beziehung zu treten. Diese Unterscheidung befriedigt nicht ganz, weil beide Normen des Handelns sich wechselseitig beeinflussen. Beispielsweise gibt es Umstände, in denen unser Überleben von unserer Fähigkeit abhängt, mit den uns umgebenden Menschen durch emotionales Handeln einen guten Kontakt herzustellen, um Nahrung und Unterkunft zu erhalten.

Das Überwinden der Angst ist die Sphäre emotionaler Aktivität

Emotionale Aktivität ist immer eine Herausforderung. Menschen neigen von Natur aus dazu, einander zu fürchten. Wenn Sie zu einer Party gehen und neben Ihnen steht ein Unbekannter, dann werden Sie erst einmal ziemlich belanglose Fragen stellen wie: »Wo leben Sie?« oder ähnliches, um Ihre Angstgefühle zu überwinden. Wie gerufen kommt dann jemand, der Ihnen ein Glas in die Hand drückt, das beruhigt Sie ein wenig. Ich erinnere mich an eine Sendung mit der Analytikerin Eva Rosenfeld, die Freud persönlich kannte, als er noch in Wien war, und sie erzählte, in seinem Hause sei es Brauch gewesen, den Gästen zur Entspannung nicht etwas zu trinken anzubieten, sondern einen Witz zu erzählen.

Ich fürchte mich vor euch allen; ich fürchte mich vor meinen Eltern; ich fürchte mich vor meinem Chef und vor denen, die unter mir arbeiten; ich fürchte mich vor meiner Frau, meinen Kindern, meinen Patienten. Diese Furcht voreinander ist die Furcht vor dem Unbekannten, sowohl im anderen als auch in uns selbst. Bion sagte einmal, wenn Sie sich nicht vor dem Patienten fürchten, der in Ihr Sprechzimmer tritt, dann ist irgend etwas nicht in Ordnung, denn es deutet darauf hin, daß Sie wissen, was kommen wird. Und wenn Sie das wissen, was macht es dann für einen Sinn, sich zu treffen? Die emotionale Aufgabe besteht darin, diesen Zustand, diese Angst zu überwinden.

Andere dazu verführen, Handlungsquelle zu sein

Ich habe oben gesagt, wer narzißtisch geprägt ist, habe sich vom *Lebensspender* abgewendet, seine Handlungsquelle sei versiegt. Er bezieht sich zwar nicht auf den anderen, kann aber nicht überleben, ohne sich auf den anderen zu beziehen. Um in der menschlichen Gesellschaft zu überleben, muß er wenigstens den Anschein erwecken, als sei er imstande, mit menschlicher Nähe umzugehen, und der Weg, der sich dafür anbietet, ist die Erotisierung des Selbst. Das heißt im Grunde genommen, daß Außenstehende dazu verführt werden müssen, für das Individuum die Handlungsquelle abzugeben.

Jemand, der narzißtisch geprägt ist, besitzt nicht die Fähigkeit, von sich aus eine Handlung in Gang zu setzen, zu urteilen, zu denken, wahrzunehmen, also bezieht er diese Fähigkeit daraus, daß er in die Kleider eines anderen schlüpft.

Es gibt einen bestimmten Typus von Personen, die überleben, weil sie die Fähigkeit haben, den emotionalen Ton eines anderen zu erspüren. Kommt eine solche Person zu einem Analytiker oder Therapeuten, so wird sie versuchen, sich in die Art einzufühlen, wie der Therapeut die Dinge sieht, wie er sie versteht und sich zu ihnen verhält, so daß der Patient nach einiger Zeit sehr gut zu funktionieren scheint und der Therapeut zufrieden ist. Was ist geschehen? Der Patient hat die Sichtweise des Therapeuten ins Äußere seiner Persönlichkeit übernommen, im inneren emotionalen Selbst steht er ihm aber in Wahrheit feindlich gegenüber. Ich bin sicher, daß das einer der Hauptgründe ist, warum in manchen Fällen sich einige Zeit nach der Behandlung alles in Luft auflöst.

Erinnern wir uns: Wer zum *Lebensspender* ja sagt, hat die Handlungsquelle verinnerlicht. Der Akt der Verinnerlichung bedeutet, daß das Individuum innerlich über ein seelisches Prinzip verfügt und daher die Fähigkeit besitzt, sich über die Konditionierung durch die gesellschaftliche Umgebung hinwegzusetzen. Mit anderen Worten, die Person wird nicht völlig von Sinneseindrücken oder inneren Stimmungen geleitet. Das Ich hat in dieser Situation die innere Kraft, sich nach außen zu wenden und auf Sinneseindrücke zu reagieren, um, wie man das nennen könnte, mit ihnen eine Beziehung auszuhandeln.

Mit der Ablehnung des *Lebensspenders* hat das Individuum auch das innere Prinzip der Kohärenz verweigert. So steht es vor einem dreifachen Problem: Handlung zu erzeugen, sich selbst zu einer Einheit zu integrieren und mit der Außenwelt fertig zu werden.

Das Schuldgefühl, Leute zu manipulieren

Das bringt uns zu einem weiteren wichtigen Punkt: Mit der Annahme des Selbst als einem erotischen Objekt kommt Schuld mit ins Spiel, das Schuldgefühl, Menschen zu manipulieren. Unbewußt fühlt sich die Person schlecht.

Ich habe in der Klinik Situationen erlebt, in denen mir klar wurde, daß ich manipuliert wurde. Die Manipulation geschieht zuweilen ganz subtil, zum Beispiel dadurch, daß man beständig beruhigende Kommentare abgeben muß. Wenn ich merke, daß ich manipuliert werde, höre ich auf, das zu tun, und der Patient fühlt sich bald weniger verfolgt. Eine Patientin, die beispielsweise immer davon gesprochen hatte, ihr Mann verfolge sie, berichtete nun, es sei nicht mehr so schlimm. Mit anderen Worten, sie mußte ihn nicht mehr in derselben Weise kooptieren.

Ich möchte nun auf einige meiner Überlegungen hinsichtlich des aus Teilen zusammengesetzten Selbst zurückkommen. Ein Teil des Selbst hat zur Verweigerung den Anstoß gegeben, und zwar der kindliche Teil des Selbst. Dieses Kind ist der Kern des Selbst, die Quelle von Intentionalität und Handlung innerhalb der Persönlichkeit. Dieser Teil hat die Kraft, andere Teile der Persönlichkeit mit sich zu ziehen und auch Außenstehende dazu zu bringen, mit ihm zu kollaborieren. Wenn beispielsweise der Analytiker in der therapeutischen Situation merkt, daß er auf subtile Weise gelenkt wird, bedeutet das immer, daß er erlebt, was eigentlich dem emotionalen Kern des Selbst des Patienten angetan wird.

Es ist unerträglich, durchs Leben zu gehen und sich innerlich einfach schrecklich zu fühlen. Eine der ersten Verfahrensweisen, die schlechten Gefühle zu lindern, besteht darin, Leute zu kooptieren, die einem immer wieder sagen, daß man es schon recht macht. Freud sagt in *Die Zukunft einer Illusion* (1927c), das Tragische an den Neurosen sei, daß sie so viel Energie in Anspruch nehmen, die für kreative Zwecke zur Verfügung stehen könnte. Das gleiche geschieht hier. Ich verbrauche eine Menge Energie, um meine schlechten Gefühle zu lindern und um zu verbergen, was los ist. Ich beschäftige ständig Menschen in meiner Nähe damit, mir Auftrieb zu geben. Ich widme ihnen vielleicht viel Aufmerksamkeit, aber gefühlsmäßig bin ich völlig unbeteiligt, diesbezüglich sind sie mir egal. Ich muß mich schämen. Auch die Gesellschaft mißbilligt das. Die Gesellschaft diktiert, daß wir uns um *andere* zu kümmern haben, und ich stehe hier, mit *mir* im Zentrum des Universums, also muß ich das verbergen. (Ich werde auf dieses Verbergen des inneren Zustandes im Zusammenhang mit der Phänomenologie des Narzißmus noch eingehen.) Ich habe den Weg zur Gesundheit versperrt; ich bin unfähig, die Quelle meines eigenen Handelns zu sein. Irgendwie muß ich Energie erzeugen, um mich durch das Netz menschlicher Beziehungen, aus denen das Leben besteht, hindurchzusteuern. Häufig begegneten mir Patienten, die aus einer solchen Situation heraus sagten, obwohl sie in vielerlei Hinsicht erfolgreich seien, hätten sie das Gefühl, sich durchgemogelt zu haben, Betrüger zu sein. Sie spürten, daß das Prinzip, nach dem sie handelten, nicht echt war.

Der Gesunde hat seine Handlungsquelle in sich. Die Handlungsquelle des narzißtischen Menschen ist an der Oberfläche. Diese Oberfläche muß dadurch Handlung erzeugen, daß sie Gestalten im Inneren und in der Außenwelt dazu veranlaßt, die Oberfläche zu *streicheln* und zu *stimulieren.*

Man muß das im Auge behalten: Ich bin die vielbewunderte Gestalt geworden, habe zu dieser Gestalt aber keine Beziehung. Ich habe die Beziehung aufgehoben, indem ich mit ihr verschmolzen bin und mit ihr eins wurde, deshalb spüre ich den Neid auf sie nicht. Schließlich habe ich so meine Feindseligkeit gegenüber der beneideten Gestalt auf eine andere oder mehrere andere Gestalten übertragen. Ich bin unter falschen Voraussetzungen zu der beneideten Figur geworden.

Wenn im Kern ein Vakuum besteht, dann ist das Problem, daß der Kern von innen nicht genährt wird, daß fehlt, was man früher als »Charakterstärke« bezeichnete. Ich muß also gestreichelt werden; aber das Streicheln reibt nur an der Oberfläche. Ich muß stimuliert werden; aber auch das bleibt an der Oberfläche. In beiden Fällen hält die Wirkung nicht lange an. Die Lust, von jemandem gestreichelt zu werden, kann mich ein Stück weit tragen, dann aber muß ich mir weitere Streicheleinheiten holen. Das ist wie beim Kurzzeitgedächtnis; Sie sagen mir Ihre Telefonnummer, und während ich sie noch im Ohr habe, wähle ich diese Nummer; wenn ich mich aber verwähle, muß ich die Nummer neuerlich erfragen. Beim Langzeitgedächtnis ist das anders; ich nehme die Nummer tatsächlich ins Gedächtnis auf. Sie ist innen, und ich vergesse sie nicht.

Streicheln und Stimulieren sind beides sinnliche Vorstellungen. Uns allen ist wahrscheinlich Freuds Begriff der erogenen Zonen vertraut: der Mund, der After und die Genitalien. Freud formulierte auch einen Zusammenhang zwischen diesen Zonen. Ferenczi entwickelte den Gedanken weiter und nannte diesen Zusammenhang *Amphimixis,* die Verschmelzung mehrerer Erotismen zu einem Lustzentrum. Aus eben diesem Lustzentrum gewinnt der Narzißt seinen Impetus zum Handeln.

Das Selbst kann durch die Selbststimulierung der erogenen Zonen erotisiert werden oder dadurch, daß ein anderer sie stimuliert; doch auch wenn das Subjekt das selbst tut, muß es jemanden imaginieren, der an seiner Stelle handelt. Im Unterschied zur gesunden Situation, wo es ein inneres mentales Objekt gibt, ist hier nur ein sinnliches, kein mentales Objekt vorhanden. Das Lustzentrum – das Selbst – muß beständig stimuliert werden, damit das Individuum das Handlungsproblem lösen kann. Das ist wie ein Masturbieren, das beständig wiederholt werden muß.

Das Erotische ist das Phantasie-Korrelat des Sexuellen, und es ist nicht notwendig mit körperlicher Berührung verbunden. Das Erotische bezieht sich auf das Selbst, das Sexuelle auf die Körperzonen. Wir haben beim Narzißmus ein Selbst mit einem Vakuum, das die Energie, die es zur Aushandlung emotionaler Begegnungen braucht, dadurch erzeugt, daß es das Selbst erotisiert. Es ist ein Selbst ohne Vitalitätsprinzip. Dieses Selbst ist wie ein Gallerte. Frances Tustin (1972) gebraucht im Zusammenhang mit autistischen Kindern das Bild eines Wesens mit einem Außenskelett – ohne innere Struktur, ohne inneres Vitalitätsprinzip.

Beispiele für Streicheln

Wie erotisiere ich mein Selbst? Ich befinde mich auf einer langen Wanderung und, um den Weg zu Ende gehen zu können, brauche ich Streicheleinheiten: Mein Reisegefährte muß mir sagen, wie gut ich das mache. Ich bin Schauspieler, und ich habe in einem Stück gespielt: Ich brauche die Rückmeldung, wie gut ich gespielt habe. Nach einer Aufführung lobt mich niemand, und ich fühle mich niedergeschlagen und sauer, also besuche ich ein paar Freunde und rauche ein paar Joints, trinke eine Menge und erzähle denen, die mir dabei Gesellschaft leisten, daß niemand mir Komplimente macht. Daraufhin sagen alle, wie gut ich war und wie schlecht der Regisseur und die anderen Schauspieler. (In einer solchen Situation entsteht immer eine Art Verfolgungswahn.) Das hält mich ein paar Tage in Gang, doch dann brauche ich eine neue Aufmunterungsdosis von meinen Freunden. Ich komme nicht aus, ohne ständig neu gestreichelt zu werden, deshalb verschaffe ich mir Zugang zu einer Gruppe, in der ich beständig versorgt werde. Ich vermeide die Gesellschaft derer, die mich nicht unterstützen. Ich kann ohne meine Freunde keine Anstrengung aushalten.

Natürlich gibt es noch andere Dinge, von denen ich mir meine Streicheleinheiten holen kann, um in Gang zu bleiben: Drogen, sexuelle Beziehungen. Sie geben mir einen ganzen Schub neuen Lebens, aber er hält nicht an. Vor kurzem las ich *Jeeves ist eine Klasse für sich,* von P. G. Wodehouse (1975); in diesem Buch kommt ein Mensch namens Bingo vor, der auf jeder dritten Seite eine neue wundervolle Frau kennenlernt, die ihm das Leben rettet und großartiger ist als alle Frauen, die ihm zuvor begegnet sind, und dann ist es natürlich ein Reinfall.

Häufig gibt es ein Einverständnis zwischen Menschen, die von narzißtischen Zügen beherrscht sind: »Ich streichle dich und halte dich in Bewegung, und du streichelst mich.« Zuweilen scheitert eine solche Beziehung, wenn der eine oder die eine versucht, dem Narzißmus des oder der anderen zu entfliehen. Eine solche Veränderung stellt für die unmittelbare Umgebung ein Problem dar. Entweder muß der Partner auf die Veränderung reagieren und sich emotional weiterentwickeln, oder es kommt zu einem Bruch.

Die Unfähigkeit, mit etwas Unangenehmem fertig zu werden

Es ist in Ordnung, wenn man jemanden für seine gute Arbeit lobt. Problematisch wird es dann, wenn ich Lob haben *muß,* und zwar so dringlich, daß ich nicht einmal die Arbeit tun kann, für die ich gelobt werden würde. Ich habe schon auf Anna Kareninas Verhalten kurz vor ihrem Selbstmord hingewiesen. Sie ist vollauf mit der Frage beschäftigt, ob Wronskij sie liebt oder nicht. Doch hat sie irgend etwas getan, wodurch sie seine Liebe verdiente?

Ich habe darüber gesprochen, wie ich andere zum Streicheln kooptieren kann, aber natürlich kann ich auch eine Menge selbst tun. Ich kann mich mit angenehmen Klängen, Gerüchen, Anblicken streicheln. All das ist in Ordnung; es ist die Grundlage des Sinns für Ästhetik. Wieder müssen wir auf das Prinzip der Auslassung zurückkommen. Wenn ich unfähig bin, Unangenehmes und Schmerzhaftes zu ertragen (weil alle Energie auf das Lustzentrum gerichtet ist), aber geradezu darauf fliege, dann ist das ein Problem. Da die Energie, die erzeugt wird, nicht reinvestiert wird, bleibt das wirkliche emotionale Selbst unbefriedigt. Ich kannte einmal eine Frau, die fröhlich und guter Dinge war, solange es ihrem Mann gut ging und er in seiner Arbeit erfolgreich war, sobald aber in seinem Leben etwas schieflief, fühlte sie sich niedergeschlagen und konnte dem Sturm nicht standhalten. Sie war außerstande, Schmerz oder Krisen zu bewältigen.

Ich habe in einer Biographie über Napoleon gelesen, er sei unfähig gewesen, einen Untergebenen zu strafen, es sei denn, es befand sich jemand als Zuschauer mit im Raum. Man würde denken, Napoleon müßte ohne Schwierigkeiten jemanden abgekanzelt haben können. In Wirklichkeit waren viele der sogenannten Großen der Geschichte nicht anders.

Der Reiz des Tötens

Ich habe die Notwendigkeit des Streichelns hervorgehoben. Der andere Weg zur Erotisierung des Selbst liegt in der Stimulierung. Etwas wirklich Aufregendes kann mich eine ganze Weile in Bewegung halten.

Ich möchte speziell etwas über Erregung und Spannung sagen. Es liegt ein besonderer Reiz darin zu töten. Ich befragte einmal einen Heranwachsenden, und er erzählte mir, wie er es geschafft hatte, ein Stück Plastiksprengstoff zu ergattern und damit einen Baumstumpf im Garten in die Luft zu jagen. Als er davon erzählte, funkelten seine Augen unmißverständlich. Wenn ein Jäger auf eine auffliegende Ente schießt und sieht, wie sie in der Luft zerfetzt wird und die Federn in alle Richtungen fliegen, und er dann sieht, wie sie wie ein Stein ins Wasser fällt, so ist das für ihn höchst erregend und reizvoll. Er berichtet seinen Freunden beim Mittagessen darüber und bekommt anerkennenden Beifall. Schimpansen sind weitgehend Vegetarier, doch gelegentlich töten sie einen Buschbock. Manchmal ziehen sie auch in der Gruppe los und töten einen Seidenaffen, indem sie ihn Glied für Glied auseinanderreißen. Sobald sie den Affen gefangen haben, schreien sie vor Vergnügen – ein Schrei, der durch die ganze Gruppe geht.

Als die Amerikaner im Zweiten Weltkrieg zwei Atombomben über Japan abwarfen, die erste über Hiroshima und die zweite über Nagasaki, waren die Mitglieder der zum Abwurf der zweiten Bombe abkommandierten Crew (sechs Tage nach der ersten) in heller Aufregung, Japan könnte sich ergeben, bevor sie diese Bombe abgeworfen hätten. Der Reiz, diese Bombe abzuwerfen, war immens. Wenn auf der Straße ein Unfall passiert, bleiben wir alle stehen und schauen uns das an, besonders wenn Blut fließt. Als in der Französischen Revolution Ludwig XVI. exekutiert werden sollte, stellte man die Guillotine an einer bestimmten Biegung der Seine auf, so daß eine möglichst große Menschenmenge zuschauen konnte. Ich hörte einmal in einer Bar, wie ein Mann einer Gruppe von Leuten mit Hochgenuß davon erzählte, er habe als Polizist einmal einen Totschläger genommen und einem Bewohner der Antillen den Schädel eingeschlagen. Ich spreche hier über die ganz *gewöhnliche* Erregung, die durch Verstümmeln und Töten hervorgerufen wird, nicht über die Perversion solcher Leute wie Idi Amin, Hitler und Königin Ranavalona von Madagaskar.

Den gleichen Reiz übt die Selbst-Tötung aus, die Grausamkeit gegen das Selbst. Obwohl dieser Reiz unterhalb der Bewußtseinsschwelle entsteht, beweist mir meine klinische Erfahrung, daß das so ist. Wenn Sadismus von dieser Ebene ausgeht, dann ist es schwer, sich von ihm zu befreien. Er ist wie eine

Droge. Ich meine, daß diese Art von Grausamkeit immer mit der narzißtischen Situation gekoppelt ist. Um auf das zurückzukommen, was ich eingangs sagte: Es gibt keinen positiven Narzißmus ohne Selbsthaß. Das betonte auch Christopher Lasch (1979) in seinem Buch *Das Zeitalter des Narzißmus.* Das Hauptproblem besteht für den Narzißten darin, wie er die psychische Energie erzeugen soll, die er braucht, wenn das mentale Objekt unterdrückt wird.

Grausamkeit gegen andere und gegen sich selbst wird in *Anna Karenina* anschaulich gemacht. Zeitweise verfolgen Anna und Karenin einander geradezu. Wenn ich die Wahl hätte, entweder Anna oder Karenin zu behandeln, würde ich mich für Anna entscheiden. Karenin verleugnet alles – alle Probleme liegen bei Anna. Ihn zu behandeln wäre ein Alptraum, denn er würde nicht zugeben, daß bei ihm irgend etwas nicht in Ordnung ist. Anna ist sich bewußt, daß etwas nicht in Ordnung ist. Selbstgerechtigkeit bezieht immer Lust aus emotional destruktiven und sadistischen Akten; Selbstgerechtigkeit ist eine Form der Dissoziation.

Destruktivität und Dissoziation

Wenn Menschen sehr destruktiv gegen sich selbst sind, dann ist ihre Dissoziation oft extrem, und das hat Auswirkungen auf die Menschen ihrer Umgebung. Ich leitete einmal die Supervision für eine Gruppe von Klinikern, von denen einer einen außerordentlich schwierigen Mann behandelte. Er berichtete, der Mann habe in seinen Sitzungen eine Pistole aus der Tasche gezogen, damit herumgespielt, sie sich an den Kopf gehalten und beinahe abgedrückt. Das übte auf den Therapeuten wie auf die Gruppe eine betäubende Wirkung aus. Diese Betäubung ist die übertragene Wirkung der Dissoziation.

Im Mythos des Narkissos sagt der alte, blinde Seher Teiresias, Narkissos werde lange leben, aber nur, wenn er sich niemals selber kennt. Dieser erregenden, destruktiven Taten *darf man sich nicht bewußt sein* – sie laden mehr Schuld auf, als die psychologische Struktur des Betreffenden tragen kann.

Sechstes Kapitel

Phänomenologie des Narzißmus

Bisher habe ich nur beschrieben, wie es zum Narzißmus kommt, nicht aber, wie der Narzißmus selbst erscheint. Es wäre vielleicht einleuchtender gewesen, mit einer Beschreibung des Phänomens zu beginnen, aber ich fand, wir könnten das Wesen des Narzißmus besser begreifen, wenn wir zunächst etwas über seine Bestandteile wüßten.

Ich habe hervorgehoben, daß jemand, der innerlich von narzißtischen Zügen beherrscht wird, immer versucht, sie zu verbergen. Narzißmus zeigt sich niemals nackt in aller Offenheit. Das ist übrigens ein weiterer Unterschied zwischen Egoismus und Egozentrismus. Die Menschen sind häufig offen und schamlos egoistisch, Egozentrismus aber wird immer versteckt. Narzißmus muß immer erst aufgespürt werden. Wenn er aber aufgespürt wird, dann ändert sich paradoxerweise gleichzeitig seine Struktur. Wenn jemand anfängt, in sich narzißtische Elemente zu entdecken, dann beginnen sie auch schon zu bröckeln. Das sieht man deutlich in der klinischen Situation, wenn etwas infolge von narzißtischen Neigungen entstanden ist, sagen wir extreme Eifersucht. Wenn der Patient sich seiner Eifersucht bewußt wird (vielleicht hatte er einen entsprechenden Traum), dann nimmt er bereits eine Beziehung dazu auf, also wird sie schwächer.

Narzißmus ist eine Mentalität

Was sehen wir, wenn der Narzißmus aufgespürt ist? Was suchen wir? Wo erwarten wir, ihn zu finden? Wir suchen nach einer Mentalität. Es ist extrem wichtig, das zu begreifen. Eine Mentalität ist die mentale oder geistig-seelische Einstellung einer Person gegenüber inneren und äußeren Ereignissen. Die mentale Haltung gegenüber einem Ereignis ist ein wesentlicher Aspekt des Ereignisses selbst. Man hört oft: »Sie können die

Fakten Ihrer Lebensgeschichte nicht ändern.« Das ist nicht wahr – Sie können sie ändern! Die Fakten von Lebensgeschichten ändern sich dann, wenn sich die Mentalität ändert. Das ist so, wie wenn ein Chemiker eine Verbindung ändert, indem er einen Stoff zusetzt oder wegläßt.

Es ist schwierig, die Mentalität zu finden, denn sie ist verborgen. Der Ort, an dem sie verborgen ist, ist das Netz der Beziehungen, die ein Individuum sowohl nach innen als auch nach außen unterhält. Und die Vermischung von Innen und Außen ist eine Möglichkeit, wie sich der narzißtische Aspekt verbirgt. Zum Beispiel: Ich bedauere mich selbst; statt das aber in bezug auf mich selbst wahrzunehmen, verorte ich es in einem anderen oder in mehreren anderen, so daß es aussieht, als befände es sich außerhalb. Auf diese Weise kann sich Narzißmus als Selbstaufopferung oder Hingabe verkleiden. (Es ist eine interessante Frage, ob die Art der Motivation den Akt selbst beeinflußt. Der Pragmatiker wird sagen, solange jemand seine Arbeit macht, ist es gleich, was ihn motiviert.)

Die Art und Weise, wie Narzißmus versteckt sein kann

Ein Mann entdeckt, daß seine Frau ein Verhältnis gehabt hat, also beschließt er, auch eines zu haben. Oberflächlich gesehen, mag das vernünftig erscheinen. Was kann die Frau schließlich anderes erwarten? Doch die Frage ist, welcher mentale Prozeß ihn zu einer solchen Schlußfolgerung geführt hat. Der Prozeß mag etwa so ausgesehen haben: »Meine Frau hatte ein Verhältnis, warum sollte ich dann keines haben?« Was hätte er statt dessen tun können? Er hätte versuchen können herauszufinden, weshalb seine Frau dieses Verhältnis brauchte. Doch es ist einer der Kardinalaspekte des Narzißmus, Selbsterkenntnis um jeden Preis zu vermeiden. Es besteht eine fundamentale panische Angst, tiefer zu blicken, folglich gibt es auch eine panische Angst vor der Frage: »Warum hatte sie dieses Verhältnis?« Würde er sich diese Frage ernsthaft stellen, eröffnete sich ein weites Feld von Möglichkeiten. Die Diskussion darüber könnte heftig und erregt sein, und viele schmerzliche Dinge könnten gesagt werden, aber es könnte sich zwischen den Eheleuten auch etwas Fruchtbareres entwickeln. Oder sie könnten zur Einsicht gelangen, daß die Ehe gescheitert ist und beide Partner besser jeweils ihre eigenen Wege gehen. Auf alle diese Möglichkeiten reagiert der Ehemann mit einem verdrossenen »Nein«. Seine Einstellung ist: »Was soll's?« Etwas Ärgerliches ist geschehen: »Okay, ich tue dasselbe.« »Mir macht das nichts aus.« »Warum sollte es auch?«

Man kann sich vorstellen, wie ein Eheberater diesen Mann fragt: »Haben Sie versucht, mit Ihrer Frau zu sprechen?« und er darauf antwortet: »Das hat keinen Sinn. Ich weiß, was sie mir sagen würde.« Natürlich kann man jemanden auf eine Weise oder in einem Ton ansprechen, daß er gerade so reagiert, wie man vorausgesehen hat. »Sehen Sie? Ich habe Ihnen gesagt, daß es hoffnungslos ist.« Es gibt immer ein Zurückschrecken vor Konfrontationen. Denn Konfrontationen sind schmerzlich und können zu Veränderungen führen.

Karenin verkörpert diese Haltung in der Passage des Romans. wo er mit Anna im Wagen sitzt, nachdem Wronskij beim Rennen vom Pferd gefallen ist und dem Pferd der Gnadenschuß gegeben werden mußte. Anna fährt widerwillig mit Karenin zum Gut zurück.

> Sie stieg schweigend in Alexej Alexandrowitschs Wagen, schweigend fuhren sie aus dem Gedränge der Kaleschen und Kutschen hinaus. Trotz allem, was er gesehen hatte, wagte Alexej Alexandrowitsch doch nicht, über den wirklichen Zustand seiner Frau nachzudenken. Er sah nur die äußeren Erscheinungsformen. Er hatte gesehen, daß sie sich unschicklich benommen hatte, und hielt es für seine Pflicht, ihr das zu sagen. Es fiel ihm aber sehr schwer, nicht mehr zu sagen, sondern sich nur auf dies eine zu beschränken. Er öffnete den Mund, um ihr zu sagen, wie unpassend ihr Verhalten gewesen sei, aber unwillkürlich sagte er etwas ganz anderes. [S. 325]

Wenig später, unmittelbar bevor sie schließlich die Situation aufdeckt:

> Sie vernahm kaum die Hälfte seiner Worte, sie empfand Furcht vor ihm und dachte zugleich, ob es wirklich wahr sei, daß Wronskij keinen Schaden erlitten habe. War er es, von dem es hieß, der Reiter wäre unverletzt, das Pferd aber hätte das Rückgrat gebrochen? Sie lächelte nur heuchlerisch und spöttisch, als er ausgeredet hatte, und antwortete nicht, denn sie hatte nicht gehört, was er gesagt hatte. Alexej Alexandrowitsch hatte sehr kühn angefangen, als er sich aber ganz klar darüber geworden war, was er eigentlich sagte, teilte sich die Furcht, die sie empfand, auch ihm mit. Er sah dieses Lächeln, und ein seltsamer Wahn bemächtigte sich seiner.
>
> »Sie lächelt über meinen Verdacht. Ja, sie wird gleich noch einmal sagen, was sie mir schon damals gesagt hat, mein Verdacht sei völlig grundlos, ich mache mich einfach lächerlich.«
>
> Jetzt, wo ihm die Enthüllung der ganzen Wahrheit drohte, wünschte er nichts so sehr, als daß sie, wie früher, ihm eine spöttische Antwort gebe: sein Argwohn sei lächerlich und ganz unbegründet. Was er eigentlich schon längst wußte, war so entsetzlich, daß er jetzt bereit war, alles zu glauben. Aber der Ausdruck ihres erschrokkenen, finsteren Gesichtes verhieß jetzt nicht einmal eine Lüge. [S. 326]

Karenin kann den Gedanken an die bevorstehende Konfrontation nicht ertragen. Er kann nicht ertragen, sich dem zu stellen, was er weiß, denn wenn er das tut, muß er sich fragen: »Warum geschieht das, und was soll ich tun?« Er flüchtet sich in die Rolle des Unschuldigen, dem Unrecht getan wird, und genießt beinah seine Selbstgerechtigkeit. Später unterstützen seine Freunde beständig diese selbstgerechte Verletztheit. Ehetherapeuten sprechen davon, daß einer dem anderen etwas abnimmt oder etwas für ihn trägt. Es ist ganz klar, daß Anna Karenin etwas abgenommen hat. Das ist ein Teil ihres Problems. Warum tut sie das?

Vergleichen wir Karenin und Anna mit Stiva und Dolly. Das Buch beginnt mit Dollys Entdeckung, daß Oblonskij mit der französischen Gouvernante ein Verhältnis hatte. Dolly konfrontiert ihn mit einem belastenden Brief. Hätte Karenin einen belastenden Brief gefunden, so würde er sich vorgemacht haben, er sei von jemand anderem geschrieben worden oder habe nichts mit ihm und Anna zu tun. Oblonskij reagiert mit viel Selbstmitleid, aber er will die Beziehung zu seiner Frau wiederaufnehmen, und Dolly übernimmt in dieser Situation die Initiative.

Wenn es richtig ist, daß zunehmende Selbsterkenntnis immer das Produkt psychischen Handelns ist, dann muß jemand, dem ein solch initiatorisches Handeln fehlt, auf der Stelle treten. Griesgrämige Verweigerung wird seinen Charakter beherrschen. In seinem Roman *Der Steppenwolf* schreibt Hermann Hesse (1927), der eigentliche Selbstmord finde nicht unbedingt dann statt, wenn sich jemand tötet, sondern wenn er die mentalen und emotionalen Prozesse in sich abgetötet hat.

Offenheit für den anderen

Eine der ersten Regungen für initiatorisches Handeln ist die Offenheit für den anderen. Wer von narzißtischen Zügen beherrscht wird, ist eingeschlossen und vom anderen abgetrennt. Für die Psychotherapeuten unter uns wirft das eine wichtige, technische Frage auf. Wir haben gelernt, vor allen Dingen auf das zu hören, was der Patient sagt. Aber es gibt Zuhören und Zuhören. Es gibt ein Lauschen auf das, was manche Leute die Zwischentöne im tatsächlichen Gespräch genannt haben, im Gegensatz zum notwendigen auf das Hören, was alles gesagt wird. Wenn das, was jemand sagt, nicht initiatorischem Handeln, sondern fast ganz einem passiven Zustand entspringt, der darauf ausgerichtet ist, andere zum Handeln zu veranlassen, oder wenn jemand redet, um ein Gespräch zu verhindern, dann hat es keinen Sinn, wenn der Therapeut weiter schweigt.

Es gibt eine Auffassung, die besagt, wenn der Patient schweigt, dann sei die beste Antwort des Analytikers, auch zu schweigen. Wenn aber der Patient schweigt, weil er Angst hat, die Initiative zu ergreifen – wenn es in ihm etwas gibt, das ihm Furcht vor dem Therapeuten oder Analytiker einflößt –, dann ist es nicht gut, wenn der Analytiker ebenfalls schweigt. »Na gut, wenn Sie schweigen, dann werde auch ich schweigen« – wie der Mann, der ein Verhältnis hat, weil seine Frau eines hatte. All das liegt natürlich jenseits der Bewußtseinsschwelle, aber ich glaube in der Tat, daß Therapeuten in solchen Situationen ihren eigenen Gedanken nachspüren, ihrer Phantasie möglichst freien Lauf lassen und aus diesem Denken heraus sprechen müssen. Wenn zwei Menschen in einem Raum sich sehr nahekommen, dann sind ihre Gedanken und imaginativen Prozesse fast immer wechselseitig beeinflußt. Daher ist es erforderlich, daß der Therapeut diese Gedanken auch ausspricht.

Um ein einfaches Beispiel zu geben: Ein Therapeut hat eine Sitzung mit einem Patienten, der alles mögliche von sich gibt, und der Therapeut denkt eigentlich: »Ich verstehe nichts von alledem. Ich fühle mich ganz verwirrt.« Ein solcher Gedanke muß ausgesprochen werden, vorzugsweise so, daß er einen Sinn vermittelt. Viele Male habe ich bei der Supervision den Therapeuten gefragt: »Was haben Sie eigentlich gedacht?« Der Therapeut sagt es mir, setzt aber hinzu, daß er das dem Patienten nicht gesagt hat. Warum nicht? Ich glaube, der Therapeut hat das Gefühl, er träte dem Patienten damit zu nahe, das sei zu verletzend, vielleicht zu barsch. Meine Meinung ist: Wenn ich eine Situation zulasse, in der der Patient sich so verhält, daß ich ausgeschlossen bin (und natürlich repräsentiere ich den anderen), dann wird der Narzißmus unberührt bleiben. Wenn Sie denken: »Ich verstehe das alles nicht; es kommt mir vor wie ein sinnloses Geplapper«, und Sie sagen dem Patienten, was Sie denken, so wird das wahrscheinlich den narzißtischen Strom auf irgendeine Weise unterbrechen.

Ich hörte vor kurzem von einer Studie in den Vereinigten Staaten, für die die Gespräche extrem gestörter narzißtischer Patienten aufgezeichnet worden sind. Dabei hat sich gezeigt, daß die Sprechmuster der gestörten Patienten die Denkprozesse und die natürlichen Verständigungsprozesse der anderen beeinträchtigen. Manchmal ist es möglich, in eine narzißtische Struktur einzudringen, indem der Analytiker oder die Analytikerin mit den eigenen Gedanken interveniert und diese Gedanken vermittelt.

Hier ist ein einfaches Beispiel für die Effektivität einer solchen Intervention. Es kam ein Mann zu mir, der dem, was ich ihm sagte, keinerlei Beachtung schenkte. Ich machte ihn darauf aufmerksam, daß das schon öfter geschehen war. Anfangs beschrieb er, wie seine Frau ihn vernachlässigte, und jedes Mal, wenn ich so intervenierte, änderte sich seine Einschätzung des Verhaltens seiner Frau – seine Frau beachte ihn jetzt mehr und so fort. Wenn ich vorgeschlagen hätte: »Warum reden Sie nicht mit Ihrer Frau und ermutigen sie, Sie besser zu behandeln?«, wäre das hoffnungslos gewesen, denn ich hätte auf etwas reagiert, statt eine Verbindung zu dem herzustellen, was der Patient gefühlsmäßig tat. Der Analytiker, der der Richtlinie folgt, er sei ein passiver Empfänger, beläßt die Person in ihrem narzißtischen Zustand.

Die eigenen Gedanken aussprechen

Es erfordert manchmal einigen Mut zu sagen, was man denkt. Ich hatte manchmal Gedanken, die mir verrückt erschienen, und ich dachte, der Patient würde mich auch für verrückt halten, wenn ich sie ausspräche, trotzdem tat ich es, und es war gewöhnlich wirkungsvoll. Man muß nur die Hemmung zu sprechen überwinden.

Als ich noch nicht lange Analytiker war, hatte ich eine Patientin, die nach einem psychotischen Zusammenbruch zu mir kam. Von meiner Ausbildung her war ich auf einen solchen Fall nicht vorbereitet, und ich brauchte einige Zeit, bis mir klar wurde, daß sie halluzinierte und ihre Rede eine Beschreibung halluzinierter Bilder war, die sie auf der Wand sah. Instinktiv blieb ich mit ihr im Gespräch und versuchte, ihr imaginativ auf die Bilder, die sie ausdrückte, zu antworten. Ich weiß noch, wie ich dachte, wenn uns jemand auf einem Monitor sehen und unseren sonderbaren Dialog hören könnte, dann würde man uns alle beide in die Psychiatrie einweisen. Solche Gedanken hindern uns daran, zu sagen, was gesagt werden muß.

Unser verrückter Dialog ging etwa drei Monate so weiter, bis ich eines Tages dachte: »Mir reicht's jetzt.« Ich hatte keinen anderen Anhaltspunkt für eine Deutung als den Eindruck, in diesem seltsamen Gefüge, in das wir verstrickt waren, sei ich für sie das Bewußtsein. Sie übermittelte mir diskrete kleine telegraphische Mitteilungen, und ich verwob sie in eine kohärente Geschichte. Als sie beim nächsten Mal wieder damit anfing, sagte ich (statt zu tun, was ich gewöhnlich getan hatte): »Sie wollen, daß ich das alles zu einem sinnvollen Konstrukt zusammenfüge, weil Sie meinen, Sie seien nicht imstande, das selbst zu tun.« Bis zu diesem Moment war unser Gespräch empathisch und warm gewesen, jetzt wurde die Patientin sehr ärgerlich. Bisher hatte ich mich ihr gefügt, nun tat ich das nicht mehr. Meine Deutung besagte im Grunde: »Wie wär's denn, wenn Sie selbst mal anfingen, diesen Kram selbst zu strukturieren?« Meine Frustration mit der Situation nötigte mich zu dieser Deutung – ich erklärte, ich sei der andere und ließe mich nicht weiter von ihr kooptieren.

Die Haltung des Sich-Abwendens

Hier ist ein weiteres Beispiel für Narzißmus. Ein Junge kommt von der Schule heim und bittet seinen Vater, ihm beim Bau eines Modellflugzeuges zu helfen. Der Vater sagt, er müsse jetzt gerade ein Telefongespräch führen, er werde in zwanzig Minuten kommen und ihm helfen. Der Junge antwortet: »Ach nein, es ist egal, nicht nötig.« Der Junge erhält nicht sofort die Befriedigung seines Wunsches, also sabotiert er sich selbst: »Ich will deine Hilfe nicht, wenn du nicht tust, was ich will.« Es handelt sich um eine gespielte »Bedürftigkeit«. Wenn der Junge wirklich Hilfe beim Flugzeugbau gewollt hätte, wäre er bereit gewesen zu warten. Die Befriedigung besteht darin, die Hilfe »jetzt« zu bekommen, »wenn ich sie will«. Das gibt dem Jungen das befriedigende Gefühl, seinen Vater als eine Erweiterung seiner selbst zur Verfügung zu haben. Wenn er das nicht bekommt, ist er wütend, kehrt dann aber der Wut den Rücken und tut so, als sei es ihm gleichgültig. Die zugrundeliegende Haltung ist die Abwendung. »Ich mache mir nicht das Vergnügen, dieses Flugzeug zusammen mit meinem Vater zu bauen.«

Die gleiche Abwendung wird in der folgenden Passage aus *Anna Karenina* anschaulich illustriert. Diese Stelle handelt wieder von Karenin.

> Seit jenem Gespräch nach der Abendgesellschaft bei der Fürstin Twerskaja hatte er mit Anna nie mehr von seinem Verdacht und seiner Eifersucht geredet, und sein gewöhnlicher Ton, als ahme er irgend jemandes Redeweise ironisch nach, paßte ganz ausgezeichnet zu dem jetzigen Verhältnis zwischen ihm und seiner Frau. Er war ihr gegenüber jetzt ein wenig kühler. Er zeigte nur eine gewisse leichte Verstimmung wegen jenes ersten nächtlichen Gesprächs, auf das sie nicht eingegangen war. In seinem Verhalten ihr gegenüber spürte man mitunter eine Nuance von Ärger, aber nicht mehr. »Du wolltest dich nicht mit mir aussprechen«, schien er ihr ohne Worte zu sagen, »um so schlimmer für dich. Jetzt wirst du mich um eine Aussprache bitten, und ich werde mich nicht darauf einlassen. Um so schlimmer für dich«, sagte er in Gedanken, wie ein Mensch, der sich vergebens bemüht, einen Brand zu löschen, sich über seine vergeblichen Anstrengungen ärgert und sagt: »Nun magst du's selber ausfressen! Jetzt kannst du verbrennen!« [S. 309]

Karenin haßt Anna, unterdrückt aber jede emotionale Beziehung zu ihr. Er behält all seine Rachegedanken für sich und drückt seinen Haß durch Kälte aus. Seine emotionale Haltung ihr gegenüber besteht im wesentlichen in seiner Abwendung von ihr. Das erhabene Selbst ist beleidigt worden. Hätte er seinen Haß ausgesprochen, so wäre das ein Schritt aus dem Narzißmus hinaus gewesen. Vergleichen Sie Karenins Verhalten mit dem Dollys, als sie mit Oblonskijs Untreue konfrontiert wird. Sie ist erschüttert, sie haßt ihn, und sie drückt das aus.

Rache nehmen

Da die narzißtische Person sich nicht bewußt ist, daß sie beleidigt wurde, können ihre Racheakte die raffiniertesten Formen annehmen. An einer Universität in England erhielt ein Mann nicht die erhoffte Professorenstelle; statt seiner wurde sein Konkurrent berufen. Einige Zeit später machte der Abgelehnte den Vorschlag, das Fach in zwei Departments zu teilen. Die Gründe wurden in zahlreichen Papieren, von Arbeitsausschüssen und so weiter sorgfältig ausgearbeitet. Man konnte aber den Eindruck nicht loswerden, daß die treibende Kraft dabei war, dem Konkurrenten Macht zu entziehen und selbst mehr Macht zu gewinnen. Und so kam es dann auch: Es wurden zwei Departments geschaffen. Wieder sind wir bei der interessanten Frage, ob denn Handlungen, die auf Narzißmus zurückgehen, ebenso erfolgreich und fruchtbar sind wie die aus gesünderen Motiven.

Das Kind, das nicht sprechen darf

Das Negativistische am Narzißmus ist teilweise darauf zurückzuführen, daß der verleugnete kindliche Teil des Selbst, die spontane, emotionale Quelle innerhalb der Persönlichkeit – das kann ein eifersüchtiges Kind, ein neidisches Kind, ein grollendes Kind sein – keine Chance hat zu sprechen. Die inneren Gefühle der Person haben ihre Wurzeln in diesem Kind, aber sie werden nicht ausgedrückt. Narzißtische Menschen beklagen sich häufig, daß sie nicht verstanden werden, und erwarten vom Therapeuten, daß er versteht, ohne daß sie ihm etwas sagen. Das ist eines der verräterischsten Anzeichen. Meine psychotische Patientin glaubte, ich müsse sie verstehen, auch ohne daß sie sich die Mühe machte, sich mitzuteilen. Hinsichtlich dieser Patientin riet mir Bion: »Sie müssen ihr sagen: Wenn sie möchte, daß Sie richtig funktionieren, dann muß sie Sie mit Informationen versorgen.«

Als Therapeut haben Sie wohl ein theoretisches Verständnis, aber Sie werden nie ein lebendiges Verstehen – ein Verstehen in bezug auf jemanden – haben, solange Sie keine Mitteilungen von ihm bekommen. Manchmal geschieht es, daß ein Patient bemüht ist, sich zu vermitteln, Sie das aber nicht aufnehmen. Es ist überaus wichtig, zwischen einer solchen Situation und der eines Narzißten zu unterscheiden, der nicht daran interessiert ist, sich zu vermitteln. Der Narzißt betrachtet den Therapeuten als eine grandiose Person, die »Bescheid weiß«, und dagegen muß sich der Therapeut wehren. Ich sagte einmal in meiner Verzweiflung zu einem Patienten: »Stellen Sie sich vor, ich sei ein Lokomotivführer, der nie ein psychologisches Buch in der Hand gehabt hat. Sprechen Sie mit mir unter dieser Annahme.«

In London kam ein Patient zu mir. Er war bei einer großen Wohlfahrtsorganisation beschäftigt und kam, wie er mir sagte, um psychoanalytische Begriffe besser verstehen zu lernen; er meinte, das würde ihm helfen, seine Mitarbeiter besser führen zu können. Er wolle nur einmal in der Woche kommen, mehr brauche er nicht, im übrigen ließen seine Arbeitsverpflichtungen ihm nicht mehr Zeit. (Eine solche Situation kann einen Therapeuten oder Analytiker in eine schwierige Lage bringen. Da möchte jemand behandelt werden, hat aber eine so schreckliche Angst davor, daß er den Analytiker über die Maßen einengt und so die Analyse fast zwangsläufig zum Scheitern verurteilt.) Als ich ihn zur Behandlung annahm, sagte ich ihm, wann ich Urlaub machen würde: zehn Tage zu Weihnachten, eine

Woche zu Ostern und fünf Wochen im August. Auf diese Mitteilung hin, meinte er: »Das ist noch lange hin. Darüber brauche ich mir keine Sorgen zu machen.« Trotzdem lag in seinem Blick panische Angst. Ich vermutete, daß die Urlaubszeiten ein großes Problem werden würden, und konstatierte für mich, daß hier ein außerordentlich abhängiges Kind von einem grandiosen Erwachsenen dominiert wurde, der ihm sagte: »Du brauchst dir darüber keine Sorgen zu machen. Du hast es nicht nötig, dich davon aus der Fassung bringen zu lassen.«

Wie auch immer, was passierte, war dies: In den Weihnachtsferien geriet er, betrunken, in einem Wutanfall mit seiner Frau aneinander, und in den Osterferien hatte er ein Verhältnis. Ich hielt vor Schreck den Atem an, was er während der langen Unterbrechung im Sommer machen würde. All meine Deutungen hatten keine Wirkung auf ihn. Mir wurde klar, daß einmal pro Woche nicht genügte, um das Kind zu halten. Ich versuchte, ihm zu zeigen, daß die Betrunkenheit und das Verhältnis daher kamen, daß das Kind in ihm in Wut gerate, weil ich ihn verließe, doch ohne Erfolg.

Als der August kam, hatte er wenige Tage nach seiner letzten Sitzung einen Autounfall und mußte für ein paar Tage ins Krankenhaus. Zum Glück war er nur leicht verletzt. Ich erfuhr erst nach meinem Urlaub davon, wobei er mir erzählte, er werde einen Monat lang nicht da sein. Ich konfrontierte ihn damit, daß er gehe, weil er mir böse sei, daß ich einen Monat lang weg gewesen war und ihn im Krankenhaus habe schmachten lassen. Er blickte ärgerlich drein und sagte mir in der nächsten Sitzung, er sei der Meinung, was ich gesagt habe, sei nicht in Ordnung, und er habe beschlossen, die Behandlung abzubrechen. Doch sagte er auch, er fühle sich seit der letzten Sitzung viel besser, besser beisammen als je zuvor. Er fand, das habe er nur sich selbst zu danken, es habe nichts mit dem zu tun, was ich gesagt hatte. Vor Pathos triefend, sagte er mir danach, wie hilfreich ich ihm gewesen sei, wie viel er über Psychoanalyse gelernt habe und wie nützlich ihm das für die Führung seiner Mitarbeiter sein würde.

Hier waren zwei Ebenen wirksam. Auf der einen Ebene war ich für ihn sehr nützlich, aber auf der anderen – und zwar an der Stelle, wo er wirklich Hilfe erhalten hatte, als der verleugnende Erwachsene für einen Augenblick zugunsten des Kindes zurückgedrängt worden war – war er nicht bereit zuzugeben, daß ich etwas für ihn getan hatte. Die eine Hilfe mußte auf sein eigenes Konto gehen.

Diese Skizze zeigt die narzißtische innere Lage: den grandiosen Teil des Selbst, der das Kind erstickt. Das Kind kann die lange Unterbrechung nicht überstehen. Der grandiose Teil übernimmt die Leitung und kann nicht zulassen, daß das Kind einen Schritt macht. Der grandiose Teil wird dafür eingesetzt, das Selbst zu fixieren, und so bleibt es bei einer Pseudoreife.

Negativität und Selbstmord

Ich möchte jetzt etwas über die Relation zwischen extremer Negativität im Narzißmus und Selbstmord sagen. In *Anna Karenina* begeht Anna Selbstmord, Wronskij macht einen Selbstmordversuch und Lewin ringt mit suizidalen Impulsen. In den beiden Mythen, die ich angeführt habe, begehen die Helden, Narkissos und Cassius, Selbstmord. Der Schritt in Richtung Hilfe ist immer mit Erkenntnis verbunden, deshalb wird er vermieden. Jeder Schritt in Richtung des *Lebensspenders* bringt Erkenntnis. Wenn das kindliche, spontane emotionale Selbst berührt wird, wenn ein Kontakt zustande kommt, dann eröffnet das den Blick auf den schrecklichen Tyrannen, der das Selbst erstickt und ihm nicht erlaubt, mit etwas in Berührung zu kommen, das sein Leben verbessern würde, und das erzeugt häufig Verzweiflung.

In einem solchen Augenblick tritt immer die grandiose Seite des Selbst auf den Plan und übertreibt die Wahrheit, indem sie so etwas sagt wie: »Siehst du? Alles, was du tust, ist ganz umsonst.« Sie verurteilt von innen, und zwar genau dann, wenn die Person den Schritt tut. An diesem Punkt geschieht es sehr leicht, daß jemand in Negativismus verfällt und Selbstmord begeht.

Wenn der Analytiker eine solche Situation kommen sieht, ist es wirklich sehr wichtig, daß er sich darüber im klaren ist, wie gefährlich diese negativistische Einstellung sein kann. Entscheidend ist, zu erkennen, welche Mentalität hier am Werke ist, und zu versuchen, sie dem Patienten vor Augen zu führen, damit auch er sie sehen kann. Wie ich schon gesagt habe, ist es falsch, beim Patienten Hoffnung zu wecken. Das hilft ihm nicht. Was man tun muß, ist, seine negativistische, selbstbemitleidende, rachsüchtige Einstellung klar ins Licht zu rücken und dabei jeden verurteilenden Ton zu vermeiden. Wenn der Patient seine Mentalität in allen ihren tödlichen Farben sehen kann, wird ihm das vielleicht Mut machen und ihn in die Lage versetzen, sich gegen sie zu wehren.

Siebtes Kapitel

Die Relation zwischen Trauma und narzißtischer Option

Narzißmus ist fast immer das Produkt eines Traumas. Die ganze narzißtische Funktionalisierung – die Grandiosität und die Verleugnung von Teilen des Selbst – ist eine Abwehrstrategie. Im Gespräch mit einer Person, die außerordentlich narzißtisch ist, kann es schwierig sein, das zu erkennen, schon gar, wenn sie gleichzeitig beständig andere Leute in Erregung versetzt – sie dazu bringt, fliehen zu wollen, sie ängstlich oder auch ärgerlich macht, was immer es gerade ist.

Es gehört zu den Schwierigkeiten bei der Behandlung eines narzißtischen Menschen, daß man nicht wirklich herausfinden kann, worin sein Trauma besteht, solange man nicht dieses Bollwerk an einer Stelle durchdrungen hat. Sie haben vielleicht in der Fallgeschichte eines Patienten entdeckt, daß er in seiner Kindheit eine schreckliche Katastrophe erlebt hat, aber alles Reden darüber wird therapeutisch wertlos bleiben, solange es nicht die emotionale Wirklichkeit dieser Ereignisse berührt. Häufig können Sie jemanden über ein Trauma, das er erlitten hat, sprechen, ja sogar weinen hören, aber er spricht aus der Distanz. Das ist verständlich. Wenn es ein ernstes Trauma war, wird er alles eher wünschen, als gefühlsmäßig wieder dahin zurückzukehren, wo es stattgefunden hat.

Das Wesen des Traumas

»Trauma« ist ein medizinisch-psychologischer Ausdruck und bedeutet »Schock«. Wenn jemand einen Schock erlitten hat, dann ist er benommen, weiß nicht, was ihn getroffen hat. Eine plötzliche Veränderung der äußeren Umstände, und er kann in einen panischen Zustand verfallen. Er kann sich der jeweiligen Situation nicht anpassen; sein psychisches Wesen ist von

Grund auf erschüttert. Bei einem solchen Menschen hat sich die Struktur seiner inneren und äußeren Beziehungen radikal verändert. Dabei muß nicht unbedingt etwas Ungewöhnliches geschehen sein, jedenfalls war er seelisch auf das Ereignis nicht vorbereitet. Ein Fünfzigjähriger dürfte auf den Tod seiner Mutter vorbereitet sein; ein Einjähriger ist es nicht. Das Leben bereitet uns auf bestimmte Verluste, Trennungen, Tod und so weiter vor. Das Wesentliche am Trauma ist, daß eine Stabilität, die auf einer festen Erwartung gründet, erschüttert wird.

Wie Winnicott betont hat, gibt es in der psychologischen Kindheitsentwicklung einen Prozeß beständiger Ablösung – ein Kind löst sich mit Hilfe des Vaters allmählich aus der engen Bindung an die Mutter und geht neue Bindungen ein, indem es zur Schule geht und so fort. Das Tempo der Ablösung wird durch innere Auslöser bestimmt und durch emotionale Zuwendung gefördert. Ein Schock tritt ein, wenn dieser Prozeß plötzlich unterbrochen wird.

Sich selbst in die Rolle desjenigen hineinversetzen, der das Trauma ausgelöst hat

Ich stelle hier die These auf, daß eine Möglichkeit, ein Trauma, also den plötzlichen Ansturm von Erregung, zu bewältigen, in der narzißtischen Option besteht. Um sich von dem Geschehenen zu distanzieren, flüchtet die Person in ein narzißtisches Dasein. Im Zustand der Grandiosität ist sie imstande, all das Schmerzhafte fortzuschieben, Teile von sich in andere zu verlegen und gegenüber dem Schmerzhaften unempfindlich zu werden.

Wenn jemand ein Trauma erlitten hat, treibt er sich selbst (dazu ist er imstande, wenn er eine grandiose Identität annimmt) in die Rolle desjenigen, der das Trauma ausgelöst hat. Wenn jemand von einem Elternteil grausam behandelt worden ist, besteht eine Möglichkeit, mit dem Trauma zu leben, darin, das kindliche Selbst, das so behandelt worden ist, fortzuschieben und sich anderen gegenüber grausam zu verhalten. Menschen, die von tyrannischen, autoritären Eltern großgezogen worden sind, werden oft ihre Kinder ebenso erziehen. Manchmal werden sie das Gegenteil tun und ihr Kind besonders verhätscheln, aber im Grunde ist das Problem dasselbe: Die traumatisierte Person versetzt sich in die Rolle des Trauma-Auslösers.

Mir ist einmal der Fall eines Mannes begegnet, der in seiner ersten Darstellung von seinem extrem sadistischen Vater erzählte, der ihn, wann immer er etwas Unerlaubtes getan hatte (durchweg Kleinigkeiten), mit vorgestreckten Armen drei Stunden lang in der Garage stehen ließ. Wenn eine Hand leicht sank, schlug ihn sein Vater. Dieser Mann hatte zwei Kinder, ein Junge und ein Mädchen, und dem Therapeuten fiel auf, daß er den Jungen selten erwähnte, während er von Zeit zu Zeit von dem Mädchen und seiner Frau sprach. Es stellte sich heraus, daß dieser Mann angefangen hatte, an seinem Sohn grausame Rituale zu vollziehen, wie sein Vater es mit ihm getan hatte. Der Mann hatte das Problem seines eigenen Traumas damit gelöst, daß er sich psychologisch in das Trauma hineinversetzte. Das rief die Angst hervor, die ihn zur Therapie trieb. Es hätte in diesem Fall passieren können, daß der Mann therapiert wird, sein Trauma aber unaufgedeckt bleibt, wenn dem Therapeuten nicht aufgefallen wäre, daß er seinen Sohn nicht erwähnte. Er sprach nicht über ihn, weil er sich so schuldig fühlte.

Es gehört eine Menge therapeutischer Takt und therapeutisches Geschick dazu, eine solche Sache so aufzuklären, daß der Betreffende die Möglichkeit hat, sie einzugestehen. Wie ich bereits betonte: Wenn sie erst eingestanden ist, kann auch etwas dagegen unternommen werden. Manchmal hat der Patient aus Angst die Sache so weit von sich geschoben hat, daß er gar nicht erst einen Therapeuten oder Analytiker aufsucht. Die meisten narzißtischen Menschen gehen Analytikern und Therapeuten wahrscheinlich aus dem Weg und quälen einfach die Menschen, unter denen sie leben.

Hier noch ein Beispiel, wie sich jemand in den Charakter des Trauma-Auslösers hineintrieb. Ich behandelte einmal eine

Frau von Ende Vierzig, deren Bruder körperlich schwer behindert war, so daß sie den Eindruck hatte, die Aufmerksamkeit ihrer Mutter habe früher einzig dem Bruder gegolten. Darin bestand ihre Klage. Mir fiel in der Therapie schon recht früh auf, daß ein Großteil ihrer Aufmerksamkeit auf mich gerichtet war. Hatte ich mich erkältet, machte sie viel Aufhebens davon. Ich habe ein schlimmes Knie, so daß ich gelegentlich hinke, und wann immer sie merkte, daß ich hinkte, war sie überaus besorgt: ob es mir gut ginge; es mache ihr nichts aus, die nächste Sitzung ausfallen zu lassen...

Ihr Verhalten mir gegenüber ähnelte dem Verhalten ihrer Mutter gegenüber ihrem Bruder. Warum hatte sie sich in die Identität ihrer Mutter versetzt? Die eigenen Gefühle können einen Hinweis darauf geben, was los ist. Anders, als zu erwarten wäre, hatte ich nicht den Eindruck, daß ihre Sorge mir galt. Ich ärgerte mich über ihre beständige Überfürsorglichkeit. Sie suchte mich in der berechtigten Erwartung auf, von mir behandelt zu werden, aber diese ganze Sorge um mich hinderte sie daran, mich um Hilfe zu bitten.

Ich hatte mehrmals Gelegenheiten genutzt, um ihr über eine Deutung zu vermitteln, wie sie mit mir das Drama, das sich zwischen ihrer Mutter und ihrem Bruder abgespielt hatte, wiederholte; aber das alles zeigte wenig Wirkung. Eines Tages sagte ich: »Sie wissen, daß Sie nicht hierher kommen, um für mein körperliches Wohlergehen zu sorgen, deshalb wundere ich mich, warum Sie das tun.« Das war ein Schock für sie. Sie schluckte es und erzählte dann ihrem Bruder, sie sei wegen verschiedener Probleme in Behandlung. Ihr Bruder war sehr erleichtert, denn er hatte das Gefühl gehabt, er wäre der einzige Problemfall in der Familie und eine Belastung für alle. Er spürte, daß sie zugab, daß das nicht der Fall war, und bat sie, mit der Mutter darüber zu sprechen, was sie nach einigem Zögern auch tat. Ihre Mutter sagte darauf, sie sei immer enttäuscht gewesen, daß ihre Tochter nie zugelassen habe, von ihr bemuttert zu werden, und das war genau mein Problem: Sie ließ nicht zu, daß ich sie behandelte. Es hatte sie verletzt, daß ihre Mutter alle Aufmerksamkeit dem Bruder zuteil werden ließ, also wandte sie sich ab und sagte sich: »Na gut, dann werde ich eben keine Aufmerksamkeit bekommen.« Auf diese Weise stieß sie ihre Mutter zurück, ließ ihren Bruder noch mehr leiden und verursachte sich eigenes Leid. Die Grandiosität liegt in der Haltung: »Ich brauche die Mutter nicht. All die anderen Patienten kommen zu diesem Mann und brauchen ihn, ich aber brauche ihn nicht. Ich werde mich um ihn kümmern.«

Mit der Entscheidung für die narzißtische Option treiben sich die Menschen in die Rolle der Verfolgten, statt diese Rolle in Frage zu stellen. Fairbairn spricht von schlechten inneren Objekten, und ich denke, er meint damit, daß Menschen sich selbst in schlechte Identitäten treiben, ohne zu merken, was sie tun. Für die besagte Frau war es beispielsweise ein schwerer Schock, als ihr klar wurde, daß ihr scheinbar menschenfreundliches Verhalten in Wahrheit ein ziemlich gemeines, ablehnendes Verhalten gegenüber ihrer Mutter, ihrem Bruder, sich selbst und, während der Behandlung, auch mir gegenüber war. Sie bedauerte sehr, daß sie es abgelehnt hatte zu heiraten und sich selbst damit geschadet hatte.

Die narzißtische Hülle

Wenn Menschen ein schreckliches Trauma durchlebt haben und damit so umgehen, als hätten sie es selbst ausgelöst, dann leben sie gewissermaßen in einem Kokon – sie sind stark dissoziiert. Ich bezeichne diesen Kokon manchmal als narzißtische Hülle. Ich habe oft die Erfahrung gemacht, daß ein Patient, wenn er zur Behandlung kommt, in einer solchen Hülle zu sein scheint und gerade beginnt, sich aus ihr zu befreien. Kommen wir noch einmal auf den Mann zurück, der von seinem Vater sadistisch behandelt worden war. Lange Zeit hatte er in seiner narzißtischen Hülle zugebracht, ohne daß sich irgend etwas Besonderes ereignete. Erst als sein Sohn in das Alter kam, in dem er selbst so grausam behandelt worden war, begann dieses

Verhalten sich in bezug auf seinen Sohn zu äußern. Offenbar erreichte es eine solche Stufe der Unerträglichkeit, daß er Behandlung suchte.

Oft entwickelt sich eine Art Krieg zwischen dem Analytiker und dem Patienten, bei dem der Analytiker versucht, den Patienten aus dem Kokon zu holen, und der Patient mit aller Kraft in die andere Richtung zieht, um zu bleiben, wo er ist. In diesen Situationen kann es auch geschehen, daß der Patient den Analytiker oder Therapeuten zum Hüter seines *elan vital* macht, seines eigenen positiven Lebensantriebs, und dem Therapeuten gewissermaßen die Rolle zuschiebt, ihn aus dieser Hülle herauszuziehen. In diesem Fall weiß der Patient irgendwie, wenn auch wahrscheinlich nicht bewußt, daß er in etwas gefangen ist, das sein Leben erstickt.

Ein kurzes Zitat aus *Anna Karenina* verdeutlicht das. Anna scheint im Sterben zu liegen, Karenin ist bei ihr. Er will gerade gehen, und sie sagt zu ihm:

> »Warte, du weißt noch nicht... halt, halt...« Sie stockte, wie wenn sie ihre Gedanken sammeln wollte. »Ja«, fing sie wieder an, »ja, ja, ja. Das war es, was ich sagen wollte. Wundere dich nicht über mich. Ich bin geblieben, wie ich war... Aber in mir sitzt noch eine andere, die fürchtete ich. Sie hat den anderen liebgewonnen und sie wollte dich hassen, konnte aber jene nicht vergessen, die früher gewesen war. Ich bin nicht jene. Jetzt bin ich die richtige, jetzt bin ich ganz ich. Ich sterbe jetzt, ich weiß, daß ich sterbe, frage ihn. Ich fühle sie auch jetzt, da sind sie, die zentnerschweren Gewichte an meinen Händen, meinen Füßen, an den Fingern. Die Finger – so groß sind sie! Aber das ist bald alles zu Ende... Ich brauche nur noch eines: Du mußt mir vergeben, ganz vergeben.« [S. 630 f.]

Oft wirkt die Erkenntnis, im eigenen Inneren noch eine andere Person zu haben, auf einen Menschen so stark, daß er sich entschließt, die gesunde Seite dem Therapeuten zu übergeben und zu sagen: »Kümmern Sie sich um Himmels willen darum. Diese andere Person in mir ist so tückisch und erstickend!«

Jemand, der es geschafft hat, aus dem Kokon zu schlüpfen, und der darüber nachdenkt, wie das früher war, wird Freunde, Verwandte oder andere nennen, die damals mit ihren emotionalen Äußerungen den Kokon ein wenig durchdrungen haben und mit dem emotionalen Leben, das sich in ihm abspielte, Kontakt aufnahmen. Gewöhnlich reicht ein solcher Kontakt jedoch nicht aus, um die Person herauszuholen. Wenn jemand sich therapieren läßt, dann hat er die Hoffnung, daß er herausgeholt werden kann. Ohne Zweifel gibt es Leute, denen es auch ohne Therapie gelingt, durch gewisse Lebenserfahrung und Erkenntnisse aus dem narzißtischen Zustand herauszufinden, doch das kommt selten vor.

Wenn sich jemand in die Rolle des Trauma-Auslösers versetzt, dann versetzt er sich manchmal auch in die Zeitstruktur des Traumas. Jemand, den ich kannte, ging vor einigen Jahren zur Analyse und brach sie ziemlich überstürzt nach vier Jahren und neun Monaten ab. Freunde von ihm fanden heraus, daß er genau vier Jahre und neun Monate alt gewesen war, als seine Mutter starb. Bald nachdem er die Analyse abgebrochen hatte, beging er Selbstmord. Ich glaube, daß es manchmal Situationen gibt, in denen zu einem bestimmten Zeitpunkt ein schrecklicher Kampf stattfindet, nämlich dann, wenn die Frage, ob der Trauma-Auslöser bestehen bleibt oder man sich ihm entziehen kann, auf der Kippe steht. Ich glaube, daß dieser Mann sich an einem solchen Punkt befand und er es nicht schaffte, sich zu entziehen.

Kumulatives Trauma

Manchmal gerät ein Selbst nicht durch ein bestimmtes traumatisches Ereignis in ein bestimmtes Fahrwasser, sondern durch ein (wie es in der psychoanalytischen Literatur heißt) kumulatives Trauma. Menschen können durch den emotionalen Charakter ihrer Eltern traumatisiert werden. Wenn jemand beispielsweise von klein auf eine gefühlskalte Mutter oder einen gefühlskalten Vater hatte, wird er sich vielleicht in diesen Typus hineinversetzen. Er oder sie wird das nach Liebe und Geborgenheit suchende Kind in sich unterdrücken und die Identität einer kalten, herzlosen und verschlossenen Gestalt annehmen. Die am allermeisten traumatisierende Erfahrung ist das Fehlen einer emotionalen Zuwendung von Mutter oder Vater. Es ist jedoch wichtig, den Eltern nicht Schuld zuzuschreiben. Sie können in ihrer Kindheit selbst große Schwierigkeiten gehabt haben, zum Beispiel eine Krankheit oder einen schmerzlichen Verlust.

Der Zug zum Narzißmus

Die Beziehung zwischen der narzißtischen Option und dem Trauma ist die einer defensiven Inklusion. Ist es richtig, das eine Option zu nennen? Hätte das Kind auch einen anderen Weg wählen können? Diese Frage ist schwer zu beantworten. Aber zweifellos gibt es Gelegenheiten, umzukehren und einen anderen Weg einzuschlagen. Auch ist wichtig, sich klarzumachen, daß durch die traumatische Erfahrung die narzißtische Neigung verstärkt wird, so daß gilt: Je heftiger die traumatische Erfahrung, desto stärker der Zug zur narzißtischen Option. Das hängt auch von der Entwicklungsstufe des Kindes ab. Je jünger es zur Zeit seines Traumas ist, desto größer ist seine Anfälligkeit für Narzißmus. Wollte man das in einer Gleichung ausdrücken, in der T für Trauma, ES für Entwicklungsstufe und NN für Neigung zum Narzißmus steht, so wäre NN das Produkt von T mal ES. Fairbairn (1976) nahm an, wir alle hätten von Kindheit an eine bestimmte emotionale Toleranzschwelle, und wenn der Streß diese Schwelle überschreite, werde das Ich erschüttert. Er glaubte auch, daß jemand, wenn er extremem Streß ausgesetzt sei, die narzißtische Lösung wählen könne.

Ein Trauma kann jemanden vom Narzißmus befreien

Mit Sicherheit im Erwachsenenalter, wahrscheinlich aber auch in der späten Kindheit und Jugendzeit kann ein Trauma auch die gegenteilige Wirkung haben und dafür sorgen, daß sich jemand vom Narzißmus befreit. Nehmen wir den Mann mit dem sadistischen Vater, der entdeckte, daß er anfing, sich seinem Sohn gegenüber sadistisch zu verhalten; in diesem Fall setzte das Trauma den Behandlungswunsch in Gang.

Die Psychoanalyse selbst ist eine traumatische Situation, in die sich Patienten hineinbegeben und die manchmal dazu führen kann, daß bedeutsame Ereignisse stattfinden. Beispielsweise beginnen Menschen, die eine Psychoanalyse anfangen, oft ein sexuelles Verhältnis, das zum Teil als Barriere gegen die intensive Stimulierung durch die Psychoanalyse dienen soll. Die Analyse ist, wenn sie gelingt, ein Beispiel für eine traumatische Situation, die darauf ausgerichtet ist, jemanden aus dem narzißtischen Zustand herauszuholen.

Ein Schutz vor Schmerz

Wenn für Narzißmus optiert wird, dann um das Individuum vor unerträglichem Schmerz zu schützen. Es ist außerordentlich wichtig, das im Auge zu behalten. Die Gegenwart eines Menschen, der schwere seelische Qualen erleidet, ist schwer zu ertragen, deshalb gibt es manchmal therapeutische oder analytische Situationen, in denen sich sowohl der Patient als auch der Analytiker vor dem Schmerz schützen. Seelischer Schmerz ist jedoch unvermeidlich, wenn jemand genesen soll.

Je schlimmer das Trauma, desto stärker und fester sind die narzißtischen Züge verwurzelt, das heißt, desto mehr Unterstützung braucht die gesunde Seite der Persönlichkeit, damit es jemandem gelingt, sich von seinem Trauma zu lösen. Das erfordert, daß die Person eine bestimmte Art der Selbstverteidigung aufgibt. Die Aufgabe des Therapeuten besteht darin, die um Lebensverbesserung ringende Seite gegen diejenige Seite in Schutz zu nehmen, die um alles in der Welt an der narzißtischen Zuflucht festhalten und betäubt bleiben will.

Achtes Kapitel

Die Umkehrung des Narzißmus

Ist es möglich, die narzißtische Situation umzukehren? Nach meiner Theorie wird Narzißmus gewählt, und zwar unter traumatischen Bedingungen, in einer tiefen Schicht innerhalb der Persönlichkeit. Da es sich um eine Wahl handelt, ist es auch möglich, diese Wahl zu revidieren. Ich bin allerdings der Ansicht, daß es Traumata gibt, die so schwer sind, daß der Mensch ihnen seelisch nicht gewachsen ist. Denken Sie an die Geschichte von Anne Frank. Sie ertrug entsetzliches Leid, doch schließlich im Konzentrationslager war es der Tod ihrer Schwester, der sie seelisch zerbrach, so daß auch sie starb. Meine Auffassung steht in Übereinstimmung mit der Forschung von Bowlby, der drei Stufen im Verhältnis des Kindes zum Verlust annimmt. Nach meiner These kann sich der seelisch gebrochene Mensch für die narzißtische Lösung entscheiden. Das entspricht Frances Tustin, die sagt, die autistische Muschel bedecke ein schwarzes Loch der Verzweiflung, und ich glaube, daß das, was sie als kindlichen Autismus beschreibt, eng mit kindlichem Narzißmus verbunden ist.

Ich behaupte, das Individuum hat die Chance, vielleicht mehrere Chancen, diese radikale narzißtische Option umzukehren. Das widerspricht einer deterministischen Ansicht, die behauptet, Narzißmus entstehe aufgrund bestimmter äußerer Umstände – eines Traumas. Dann allerdings wäre schwer einzusehen, wie Narzißmus revidiert werden könnte. Ich glaube aber, daß es da einen Zwischenschritt gibt, eine affektive Reaktion auf das Trauma. Das ist im Licht dessen zu sehen, was ich oben über den *Lebensspender* gesagt habe. Der *Lebensspender* ist ein seelisches Objekt, das erst in dem Augenblick existiert, wenn man sich für es entscheidet. Dieses Objekt ist außen, doch wenn man es wählt, ist es innen. Der Augenblick der Entscheidung ist immer riskant. Es gehört Mut dazu. Man muß einen sicheren Hafen verlassen, ohne zu wissen, ob das, wofür man sich entscheidet, besser sein wird. Im Mythos wagt es Cassius im letzten Moment nicht, den Fluß zu überqueren. In *Anna Karenina,* auf den letzten schrecklichen hundert Seiten vor Annas Tod, ist sie ausschließlich mit der Frage beschäftigt, ob Wronskij sie liebt.

Hinter einer solchen Fixierung – »Liebt mich dieser Mensch?« – steckt immer eine bittere, zersetzende Mentalität. Die Person muß beständig vor dieser Mentalität fliehen und tut das, indem sie sich in die Beschäftigung mit einer solchen Frage flüchtet. Auf all diesen Seiten scheint es, wie ich oben schon sagte, bei Anna keine Bewegung »auf etwas hin« zu geben. Was tut sie, um sich Anerkennung zu verschaffen? Kitty, Lewin, Dolly, sie alle tun etwas Lohnendes. Selbst Oblonskij bringt Lewin und Kitty wieder zusammen, und als seine Schulden wachsen, verschafft er sich eine Arbeit in einer Kommission. Aber es ist schwer zu sagen, was Anna tut. Einer der tragischen Momente ist, daß Annas Selbstmord sich ereignet, als sie beginnt, sich zu bewegen: Sie hat angefangen, Wronskij zu hassen, und damit angefangen, auf etwas hin zu handeln, nämlich in die Richtung auf die Anerkennung eines Objekts und in Richtung auf eine seelische Aktivität in bezug auf dieses Objekt.

Die Geschichte einer Umkehrung des Narzißmus

Ich glaube, das dramatische Geschehen zwischen Kitty und Lewin ist ein Fall von Umkehrung des Narzißmus. Überall in der großen Literatur steht die äußere Handlung symbolisch für das, was innen geschieht. Lewin ist verletzt, als Kitty ihn mit der knappen Äußerung zurückweist: »Ich fürchte, das kann nicht sein.« Doch hierin liegt der Unterschied zwischen dem Paar Anna und Karenin und dem Paar Kitty und Lewin. In beiden Fällen kommt Wronskij dazwischen; was symbolisiert er? Sowohl Annas als auch Kittys tiefster Wunsch wird durch eine plötzliche leidenschaftliche Zuneigung für Wronskij beiseite gedrängt. Wodurch zeichnet sich Wronskij gegenüber Lewin und Karenin aus? Worin besteht seine Besonderheit? Wie gelingt es ihm, eine so mächtige Anziehungskraft auszuüben? Eine Antwort liegt auf der Hand: Er ist sexuell außerordentlich attraktiv. Aber dabei können wir es nicht belassen. Warum kann er eine solch alles beherrschende sexuelle Leidenschaft hervorrufen? Ich glaube, er repräsentiert einen inneren Mörder, vor dem sich das Individuum fürchtet; das wiederum schlägt sich in einer Flucht in sexuelle Leidenschaft nieder. Wronskij versteht nicht, daß es in der Seele so etwas wie Inspiration geben kann. Er ist die erotische Verkörperung des inneren Mörders, in dessen Arme Anna flüchtet, den Kitty aber trotz starker Anziehung vermeiden kann. Im Angesicht des Todes empfindet Anna Schuld und Bedauern, doch dann schnappt das große Fallgitter wieder zu. Ich glaube, das liegt daran, daß sie den Schrecken angesichts des Mörders in ihrem Innern nicht ertragen kann. Bei Kitty und Lewin entsteht ein solcher Mörder gar nicht erst. Zwischen ihnen gibt es eine, wenn auch kleine Tür, die niemals ganz zufällt. Hier die anrührende Versöhnung zwischen Lewin und Kitty, die bei den Oblonskijs stattfindet.

> Lewin stimmte Dollys Meinung zu, daß auch ein ledig gebliebenes Mädchen genug Frauenarbeit in der Familie finden könne. Er begründete das damit, daß keine Familie ohne Helferin auskommen könne, daß es in jeder Familie, ob reich, ob arm, Wärterinnen gebe und geben müsse, entweder Angestellte oder Verwandte.
>
> »Nein«, sagte Kitty und errötete, sah ihn aber um so freimütiger mit ihren ehrlichen Augen an, »ein Mädchen kann so gestellt sein, daß der Anschluß an eine andere Familie immer eine Demütigung für sie bedeuten muß, und sie selbst ...«
>
> Er verstand sie gleich bei den ersten Worten.
>
> »O ja«, sagte er, »ja, ja, Sie haben recht, Sie haben ganz recht.«
>
> Und er begriff jetzt alles, was Peszow bei Tisch von der Frauenemanzipation gesagt hatte, nur weil er im

Herzen Kittys die Angst vor der Altjungfernschaft und der Demütigung sah, und weil seine Liebe ihn diese Angst und Demütigung mitempfinden ließ, und darum nahm er seine Behauptungen sofort zurück.

Sie schwiegen beide. Kitty fuhr noch immer mit der Kreide über den grünen Tisch. In ihren Augen leuchtete ein sanfter Glanz. Ihrer Stimmung nachgebend, empfand er in seinem ganzen Wesen die wachsende Spannung des Glücksbewußtseins.

»Ach, ich habe den ganzen Tisch verkritzelt!« sagte sie, legte die Kreide weg und machte eine Bewegung, wie wenn sie aufstehen wollte.

»Wie soll ich denn hier allein bleiben, ohne sie?« dachte er mit Entsetzen und nahm ein Stück Kreide in die Hand. »Warten Sie«, sagte er, sich an den Tisch setzend. »Ich wollte Sie schon längst etwas fragen.«

Er schaute ihr gerade in die freundlichen, wenn auch etwas erschrockenen Augen.

»Bitte, fragen Sie.«

»Hier!« sagte er und schrieb eine Reihe von Anfangsbuchstaben auf den Tisch: A, S, m, a, d, k, n, s, s, d, h, n, o, n, d? Die Buchstaben sollten bedeuten: »Als Sie mir antworteten: ›Das kann nicht sein‹ – sollte das heißen: nie, oder nur damals?« Es war ganz unwahrscheinlich, daß sie diesen schwierigen Satz verstehen würde, er sah sie aber mit einer solchen Miene an, als hinge sein Leben davon ab, ob sie diese Worte verstehen könnte.

Sie sah ihn ernst an, stützte dann die gerunzelte Stirn auf die Hand und las. Hin und wieder blickte sie zu ihm auf, als wollte sie fragen: »Ist es so, wie ich es mir denke?«

»Ich habe es verstanden«, sagte sie errötend.

»Was ist das für ein Wort?« sagte er, auf das N zeigend, das »nie« bedeuten sollte.

»Das Wort hier bedeutet ›nie‹«, sagte sie, »aber das ist nicht wahr.«

Er wischte schnell weg, was er geschrieben hatte, reichte ihr die Kreide und stand auf. Sie schrieb: »D, k, i, n, a, a.«

Über den Schmerz, den das Gespräch mit Alexej Alexandrowitsch ihr bereitet hatte, fühlte sich Dolly ganz getröstet, als sie diese beiden Gestalten sah: Kitty mit der Kreide in der Hand, ein schüchternes und zugleich glückseliges Lächeln auf den Lippen, den Blick von unten herauf zu ihm gewandt, Lewins stattliche Gestalt über den Tisch gebeugt, die glühenden Augen bald auf die Tischplatte, bald auf Kitty gerichtet. Plötzlich strahlte sein ganzes Gesicht: Er hatte verstanden. Es sollte heißen: »Damals konnte ich nicht anders antworten.«

Er sah sie schüchtern, fragend an.

»Nur damals?«

»Ja«, erwiderte sie lächelnd.

»Und heu... und heute?« fragte er.

»Lesen Sie. Ich will aufschreiben, was ich wünsche. Sehr wünsche!« Wieder schrieb sie die Anfangsbuchstaben: »D, S, v, u, v, k, w, g, i.« Das sollte bedeuten: »Daß Sie vergessen und vergeben könnten, was gewesen ist!«

Er ergriff die Kreide mit krampfhaft zitternden Fingern und brach sie entzwei, als er die Anfangsbuchstaben des folgenden Satzes schrieb: »Ich habe nichts zu vergeben und zu vergessen, ich habe nie aufgehört, Sie zu lieben.«

Sie sah ihn mit regungslosem Lächeln an.

»Ich habe es verstanden«, flüsterte sie.

Er setzte sich und schrieb einen langen Satz. Sie verstand alles, ohne ihn erst zu fragen, ob sie richtig geraten hätte, nahm sie die Kreide und schrieb sofort die Antwort hin.

Er konnte lange nicht verstehen, was sie geschrieben hatte, und sah ihr wiederholt in die Augen. Das Glück hatte ihn ganz irre gemacht. Er konnte die Worte nicht einsetzen, die sie meinte, aber in ihren glückstrahlenden, reizenden Augen las er alles, was er wissen mußte. Und er schrieb drei Buchstaben auf den Tisch. Er war aber noch nicht fertig, da hatte sie, seiner Hand mit den Blicken folgend, schon gelesen, was er schrieb, den Satz richtig ergänzt und nun schrieb sie die Antwort hin: »Ja!« [S. 607 ff.]

Der *Lebensspender* als eine Komponente des Inneren entsteht durch einen Sprung ins Ungewisse. Dieser Auszug aus dem Roman vermittelt einen Eindruck von dem unwägbaren Risiko. Ich glaube, niemand könnte das besser beschreiben, als Tolstoj es hier tut. Die Angst im Herzen ist riesig vor einem so großen emotionalen Schritt. Ich erinnere mich, wie einmal ein Mann, der zu mir zur Psychotherapie kam, sagte: »Der Schritt, den ich jetzt wage, ist so groß, als wollte ich den Mount Everest besteigen«, und ich stimmte ihm zu. Aber dieser Schritt nach draußen ist der Kern des gesunden Selbst.

Die Einwirkung auf das Selbst des anderen

Die Patientin, von der ich am meisten über Psychoanalyse und die Dynamik emotionaler Verständigung gelernt habe, begann mich an einem entscheidenden Punkt der Behandlung zu hassen. Es war ein bitterer, unversöhnlicher Haß, der dreieinhalb Jahre anhielt und mich völlig zermürbte. Zu ihren Stereotypen gehörte, daß ich als Mann bestimmte Dinge unmöglich verstehen könne. Ich dachte, sie könnte wohl recht haben, und so bat ich eine Kollegin, ein paar Sitzungen mit ihr zu übernehmen, um die Situation zu beurteilen. Meine Kollegin kam zu dem Schluß, daß es für die Patientin besser sei, mit mir weiterzumachen. Eines Tages brach sie zusammen, und eine äußerst heftige Liebe kam zum Vorschein, gefolgt von einer enormen Angst, mich verletzt zu haben.

Bei dieser Patientin wurde ich Zeuge einer Umkehrung des Narzißmus, aber diese Umkehrung begann mit dem Haß. Haß ist noch ein Sich-Abriegeln und eine panische Angst davor, den *Lebensspender* zuzulassen. Es ist der Haß gegen die Gegenwart des anderen, aber es ist die Anerkennung des anderen als eines anderen, und es ist Handlung. Doch wenn schließlich zugelassen wird, daß die Umkehrung stattfindet, dann löst sich der Haß auf, und Liebe tritt an seine Stelle.

Was sind die Gründe für diesen Haß? Der Grund ist einfach, daß überhaupt ein anderer *da* ist. In der narzißtischen Illusion gibt es keinen anderen; da gibt es nur mich. Ich hatte zwei Patienten, die mir erzählten, sie hätten als Kinder die Vorstellung gehabt, die einzigen Menschen auf der Welt zu sein. In der narzißtischen Situation haben wir ein verzweifeltes Festhalten an dieser Wahnvorstellung, nur daß sie im allgemeinen verborgen ist, weil die Person sich selbst in eine Gestalt projiziert, von der sie annimmt, sie sei alles. Für Anna war das Wronskij.

Eine Möglichkeit, die Wahnvorstellung aufrechtzuerhalten, es gäbe niemand anderen, besteht darin, diesen anderen unter Kontrolle zu halten. Ich richte es so ein, daß er kein anderer wird. Der Haß richtet sich gegen die Einwirkung auf das Selbst des anderen.

Bei Patienten, die sich vom anderen abgekapselt haben, repräsentiert der andere ihr eigenes ersticktes Selbst. Wenn in der analytischen Situation eine Gegenübertragung stattfindet, in der man sich vollkommen ausgeschaltet und nicht mehr als Mensch behandelt fühlt, weiß man, daß sich darin die innere Persönlichkeit des Patienten symbolisiert. Haß ist ein erster Schritt, denn er ist der Beginn der Anerkennung des anderen. Und natürlich bedeutet er auch, daß es da einen Haß gegen das eigene Selbst gibt – das Selbst, das versucht, geboren zu werden. Ich bin sicher, daß Tolstoj das in der langsamen Geburt und Entwicklung der Liebe zwischen Kitty und Lewin symbolisch darstellen will.

Die Kraft des Widerstandes

Wir müssen jetzt versuchen zu verstehen, warum dieser Bewegung nach draußen, dieser Bewegung auf etwas hin, die den Narzißmus umkehren kann, so erbitterter Widerstand entgegengesetzt wird. In einem bin ich sicher, nämlich daß dieser Bewegung mit einer Verzweiflung widerstanden wird, die geradezu gewaltsam, jedenfalls viel stärker ist als jedes andere Hindernis, das einem in der analytischen Praxis begegnen kann. Eine ganze Lebensorientierung steht auf dem Spiel, und der Zusammenbruch eines solchen Gebäudes erscheint wie das Ende der Welt. Als im Jahre 410 nach Christus das Römische Reich zusammenbrach, glaubten die Bürger dieses Reiches, dies sei das Ende der Welt. Der heilige Augustin schrieb ein dickes Buch mit dem Titel *Der Gottesstaat*, um zu beweisen, daß die Welt auch nach dem Zusammenbruch des Römischen Reiches fortbestehen werde.

Der Patient erlebt, wie alles, was sicher und gewiß war, alles, was er sich in seinem Leben – vielleicht sein Leben lang – aufgebaut hat, zusammenbricht. Man kann annehmen, daß Anna, als sie unmittelbar vor ihrem Selbstmord spontan zu Dolly fährt, sich andeutungsweise des Zusammenbruchs bewußt ist; doch oft scheint der Wiederaufbau so furchtbar mühevoll zu sein, daß die narzißtische Stimme sagt: »Laß es.« Wenn ein Hoffnungsschimmer aufkommt, setzen die narzißtischen Kräfte im Inneren alles daran, diese neu gewonnene Gestalt wieder zu stürzen.

Es gibt das peinliche Gefühl, ganz von vorn, wieder am Fuß der Leiter anfangen zu müssen. Es gehört zu den Charakteristika des narzißtischen Zustandes, daß man ins Erwachsensein katapultiert und der verhaßte Status des Kindes gewaltsam zurückgedrängt wird. Der Narzißmus bewahrt mich davor, mich als Kind zu fühlen, ja, ein Kind zu sein; aber kein Teil meiner Lebensgeschichte wird jemals gelöscht. Sie ist ganz in mir: meine Zeit als Fötus, als Säugling, als Kind, als Jugendlicher, als junger Erwachsener, die mittleren Jahre und so weiter. Narzißmus ist die schnelle Droge. Ich halte mich für einen Erwachsenen; ich halte mich für einen reifen, verheirateten Mann. In der narzißtischen Situation kann ich alles verstecken, was für mein Selbstbild unangenehm ist. Ich kann mit Verachtung auf die kindische Art meiner Kollegen herabblicken, und ich kann mein infantiles Selbst loswerden, indem ich es irgendwohin schiebe – in meinen Körper, in einen anderen Teil meines Bewußtseins oder in andere Menschen – und währenddessen konstruiere ich eine Weltanschauung, um das, was ich getan habe, mit mir in Einklang zu bringen. Ich will eine Philosophie entwickeln, die auf das, was ich getan habe, zugeschnitten ist. Ja, meine Weltsicht paßt immer zu dem, was ich tue. Bei der Umkehrung des Narzißmus ist all das bedroht. Darunter liegt eine Paranoia. Narzißmus ist eine Decke. Ich habe meinen Tiefpunkt noch nicht erreicht, weiß das aber nicht.

So gewichtig diese Faktoren auch sind, wenn es darum geht, uns zu überreden, die narzißtische Richtung nicht aufzugeben, bilden sie doch nicht den Kern der Sache; sie sind die sekundären Folgen einer Richtungsänderung, nicht die eigentliche Bedrohung selbst.

Der Schritt zur Gestaltung der eigenen Realität

Im narzißtischen Zustand wird die Handlungsfähigkeit meines intentionalen Zentrums erstickt. Ich stehle anderen ihre Ideen. Ich mische mich in die emotionale Ausrichtung anderer ein und mache von vielfältigen Mitteln Gebrauch, aber im Grunde sind sie es, die tätig werden. Ich bleibe passiv. Ich tue nicht den Schritt ins Ungewisse. Cassius traut sich nicht, den Fluß zu überqueren. Ich habe kluge Menschen kennengelernt, Leute auf der obersten Sprosse der akademischen Leiter, die in ihrem Fach bestens zu Hause sind, die aber letztlich in fremden Kleidern dastehen. Mit Macht sträuben sie sich gegen den Schritt, etwas Eigenes und damit Einzigartiges zu gestalten. Das wäre der Schritt, durch den das Individuum in den Besitz des *Lebensspenders* käme. Sobald die Person diesen Schritt tut, gewinnt sie Erkenntnisse, die von den passiv aufgenommenen Erkenntnissen gänzlich verschieden sind.

Ich begegnete einmal einem Mann, der mit einem Dutzend Kamelen von Zentralkenia bis zum Turkanasee gezogen war und ein Buch darüber geschrieben hatte. Obgleich ich das

Buch gelesen habe, werde ich nie auf die gleiche Weise wie der Autor wissen, wie es ist, eine solche Reise zu machen. Er weiß es unauslöschlich, weil er die Reise gemacht hat. Ich bin nicht auf einem Kamel geritten und habe diesen Teil Afrikas nie besucht. Wäre ich mit Kamelen von Bathurst nach Kalgoorlie gezogen, dann hätte ich eine Ahnung davon, doch nur, weil ich dann eine ähnliche Erfahrung gemacht hätte.

Dieses »Etwas-selbst-Tun«, dieses Gestalten einer neuen Realität, die zu neuen Erkenntnissen führt, ist, glaube ich, der Schlüssel zum beschriebenen Widerstand. Das neue Wissen bringt unbequeme Vorstellungen mit sich. Ein Freund erzählte mir einmal, er sei überzeugt gewesen, sein Vater wäre ein Taugenichts, und es habe zu seinem geistigen Rüstzeug gehört zu glauben, sein Vater habe das Leben seiner Mutter ruiniert. Eines Tages, nachdem sein Vater gestorben war, suchte er den Familienanwalt auf, der ihm sagte: »Wissen Sie, Ihr Vater war ein sehr fürsorglicher Mensch. Sie haben ein ganz falsches Bild von ihm.« Das war für meinen Freund ein herber Schock. Offenbar hatte der Anwalt ihm das gerade im rechten Augenblick gesagt, aber bei meinem Freund geriet eine ganze Welt ins Wanken. Vielleicht, so werden Sie sagen, zog ihn das aus seiner narzißtischen Hülle. Er mußte die Äußerungen seiner Mutter über seinen Vater neu überdenken, sich fragen, warum er die Worte seiner Mutter so bereitwillig in sich aufgesogen hatte, und war dann entsetzt, wie er seinen Vater behandelt hatte. Im Grunde hatte er zu dem anderen – zum Vater, wie er wirklich gewesen war – gar keinen Kontakt gehabt.

Man muß noch etwas bedenken: Sich *nicht* zu ändern, ist etwas Schlimmes, Böses. Das Gewissen klopft an unsere Tür. Wenn ein Therapeut oder Analytiker einem Patienten bei seinem Versuch, sich zu ändern, nicht hilft, ist das ganz schlimm. Der narzißtische Kern neigt zur Anpassung an die gegebene Situation, und unser eigener Narzißmus wird uns dazu verleiten, uns ebenfalls anzupassen. Es macht Angst, gegen den Strom zu schwimmen, dem Wahnsinn, der Gewalt, dem Tod nahe zu sein.

Kommen wir zum zentralen Punkt zurück: Die narzißtische Situation kehrt sich in dem Augenblick um, in dem wir beginnen, zu handeln und etwas zu schaffen. Die von Melanie Klein beeinflußten Analytiker verwenden den Begriff des Todestriebes. Ich glaube, diese Begriffsstruktur ist falsch, dennoch bin ich überzeugt, daß es eine mächtige Kraft innerhalb der Persönlichkeit gibt, die *dagegen* gerichtet ist, etwas Persönliches zu schaffen, und daß dies durch die klinische Praxis bestätigt wird.

Das Wunder besteht darin, daß es überhaupt möglich ist, die emotionalen Tatsachen unseres Lebens zu verändern. Unser Leben ist nicht zementiert, nur unsere narzißtische Stimme behauptet immer, daß es das sei. Unser Bewußtsein *kann* sich ändern, und mit einem veränderten Bewußtsein verändert sich auch unsere persönliche Welt. Sie kann sich radikal verändern. Eine veränderte Mentalität ändert die emotionalen Ereignisse unseres Lebens – Vergangenheit, Gegenwart und Zukunft. Denn wir begreifen unsere Vergangenheit aus unserer jeweiligen Einstellung heraus. Ein Bewußtsein, das im wesentlichen unbeweglich ist, sich aber die Auffassungen bewunderter Gestalten einverleibt und sich in die emotionalen Haltungen bewunderter Gestalten oder Denksysteme versetzt hat, unterscheidet sich erheblich von einem, das aus seinen eigenen inneren Quellen schöpft.

Bernard Berenson, der amerikanisch-litauische Kunstkritiker, hat gesagt, alle Maler seit dem Niedergang der antiken Malerei in der griechisch-römischen Welt bis zur Renaissance seien Illustratoren und Kopisten gewesen. Nacheinander, durch die Jahrhunderte hindurch hätten die Maler sich in sklavischem Gehorsam geübt, bis Giotto, dieselben religiösen Themen vor sich wie seine Vorläufer während der tausend Jahre zuvor, aus seiner eigenen Seele eine neue Realität schuf. So, sagt Berenson, sei der Rubikon von der Illustration zur Kunst überschritten worden. Für mich ist dieser Augenblick der Kunstgeschichte ein Symbol für das, was ich vermitteln möchte.

Ich möchte nun ein paar Worte zur Vorsicht sagen. Es wäre einfach, das bisher Ausgeführte zu nehmen und es romantisch zu verklären. Das entscheidende Moment der persönlichen Gestaltung geschieht in der Tiefe, auf einer Stufe, deren wir uns nicht bewußt sind, wir können aber das Ergebnis wahrnehmen. Sobald wir es verklären, verlieren wir seine Wirklichkeit.

Ich will zeigen, was ich meine. Ich kannte einmal einen Mann, der von Drogensucht, von Alkoholismus und von kriminellen Rückfällen geheilt worden war. Er hatte die tiefsten Tiefen kennengelernt. Wie wir wissen, schaffen es die meisten Menschen nicht, aus einer solchen Situation wieder herauszukommen, einigen wenigen gelingt es aber. Damals interessierte ich mich für diese wenigen. Dieser Mann war verheiratet und hatte zwei Kinder; er lebte in einem Londoner Vorort und arbeitete als Journalist. Ich fragte ihn, welche Ereignisse diese Umkehr bewirkt hätten. Es gab zwei ausschlaggebende Ereignisse, über eines möchte ich hier sprechen. Zu jener Zeit befand er sich stationär als Patient in einer großen, altmodischen Nervenheilanstalt, die für einen großen Bereich von Nord-London zuständig war. Er befand sich auf einer Station für Alkoholiker, und auf dieser Station galt die Regel, wer hinausging und trank, der wurde nicht wieder aufgenommen. Also ging er hinaus und trank. Er kehrte mit einer Flasche Wein zurück und saß auf einer Bank auf dem Krankenhausgelände. Seine Frau hatte ihn hinausgeworfen, also konnte er nicht nach Hause gehen. Die Regeln verboten ihm, auf die Station zurückzukehren, und es regnete in Strömen. Er sagte sich: »Ich habe zwei Möglichkeiten; entweder gehe ich und werfe diese Flasche durch das Stationsfenster, oder ich bringe mich um.« Da hellte sich der Himmel einen Augenblick auf, und es kam ihm unerwartet von innen der Gedanke: »Oder ich könnte mich entscheiden, gesund zu werden.« Er spürte, daß dieser Augenblick der Beginn seiner Rückkehr zu seelischer Gesundheit war.

Dieser Fall wirft ein Schlaglicht auf eine Reihe von Aspekten, die ein Psychotherapeut im Auge behalten muß, doch will ich mich jetzt nur auf einen Umstand konzentrieren. Der Gedanke – »Oder ich könnte mich entscheiden, gesund zu werden« – war bereits das Ergebnis von etwas, auch wenn es so scheint, als sei er vom Himmel gefallen. Es gab eine Vorgeschichte, die als eines ihrer Elemente den starken Wunsch enthielt, gesund zu werden. Das impliziert eine Einsicht, daß nicht alles in Ordnung war. Als Beobachter von außen könnten wir sagen, das sei offensichtlich, doch was für andere offensichtlich sein mag, ist oft für den Betroffenen noch lange nicht offensichtlich.

Dieser Gedanke: »Ich könnte mich entscheiden, gesund zu werden«, war das Ergebnis einer Entscheidung, aber die Entscheidung selbst fiel unterhalb der Bewußtseinsschwelle. Die Entscheidungsfindung wird vom Unbewußten getrübt, das seinerseits von den narzißtischen Strömungen in der Persönlichkeit in Anspruch genommen ist. Wenn die Persönlichkeit stark narzißtisch geprägt ist, dann besteht ein Problem darin, daß der Narzißmus das Gute ebenso erstickt wie das Schlechte. Und nebenbei, es scheint immer so zu sein, daß der eigentliche Entscheidungsprozeß unbekannt und nur sein kognitives Ergebnis zu sehen ist.

Zuvor hatte der Mann, um das Trinken zu vermeiden, sich immer gesagt: »Ich will nicht trinken, ich will nicht trinken«, doch das nutzte offenbar nichts; es war keine Entscheidung. Hingegen das, was ihm einfiel, als er auf der Bank im Regen saß, war das Ergebnis einer Entscheidung – einer wirklichen Entscheidung. An dieser Stelle entschied er sich für den *Lebensspender.*

Gefühle können falsch verbucht werden

Es gibt noch einen, ebenso wichtigen Punkt. Als dieser Mann sich sagte: »Ich könnte mich entscheiden, gesund zu werden«, war das nicht nur ein Gefühl. Es war ein Gedanke – er wußte, daß es noch eine Option gab. Das Wissen erfolgte aus einer Handlung, obwohl die Handlung außerhalb seines Bewußtseins lag. Nachdem ich das Buch meines Bekannten, der die Kamele zum Turkanasee brachte, gelesen habe, kann ich sagen: »Ich komme mir vor, als hätte ich selbst diese Reise gemacht«; aber ich habe sie nicht wirklich gemacht, meinem Wissen fehlt demnach eine Qualität, die der Autor des Buches besitzt. Die neue Reise des Genesenen beruhte auf Wissen, auf etwas, das er getan hatte, auf einer innerpsychischen Handlung – einer anderen Handlung, als die Reise es war, die der Mann mit den Kamelen unternommen hatte, aber sie war Punkt für Punkt ebenso wirklich wie diese; und sie unterschied sich in nichts von dem emotionalen Schritt des Mannes, der fand, der Schritt, den er vor sich hatte, entspreche dem Besteigen des Mount Everest. Es gibt einen entscheidenden Unterschied zwischen einer psychischen Handlung, die zu Wissen führt, und einer Handlung, bei der ich mich in die vorgegebene Imago eines anderen versetze. Im letzteren Fall kann ich das Gefühl haben, ich sei am Turkanasee gewesen, war es aber nicht. Ich kann meinen, ich hätte einen Sprung gemacht, tat ihn aber nicht. Gefühle können falsch verbucht werden.

Die Hoffnung auf illusorische Vorstellungen und Lösungen aufgeben

Wir müssen jetzt einige logische Konsequenzen der Umkehrung des Narzißmus festhalten. Was zur psychischen Veränderung führt, ist die innerpsychische Handlung. Deutung bewirkt keine Veränderung. Deutung kann nur das Individuum zur psychischen Handlung ermutigen oder das Produkt einer psychischen Handlung sein, die bereits geschehen ist. Es ist außerordentlich wichtig, sich das klar zu machen. Die innerpsychische Handlung wird von der Person allein und aus freien Stükken vollzogen.

Welche äußeren Bedingungen begünstigen innerpsychische Handlung? Im Falle des geheilten Alkoholikers war entscheidend, daß er den Tiefpunkt erreicht hatte: Man hatte ihn zu Hause und auf der Klinikstation hinausgeworfen, und er saß bei strömendem Regen auf einer Bank. In dieser Situation, am Rande der Verzweiflung, befreite sich der *Lebensspender*, der zuvor erstickt und zum Schweigen gebracht, aber nie ganz getötet worden war. Wäre ein vermeintlicher Menschenfreund aufgetaucht und hätte, als der Mann auf der Bank saß, versucht, lindernd einzugreifen, wäre der Impuls zunichte gemacht worden.

Ein Freund erzählte mir einmal, für ihn sei der Wendepunkt in der Analyse gekommen, als er eines Tages seinem Analytiker sagte, die Lage sei so schlecht, daß sie nur besser werden könne. Der Analytiker antwortete: »Oder sie könnte noch schlechter werden.« Bei dieser Art der Verzweiflung ist wichtig, daß es eine Verzweiflung an den illusorischen Vorstellungen und Lösungen ist, die durch die narzißtische Situation erzeugt werden.

Ich behandelte einmal ein Mädchen, dessen Leben durch eine schwere obsessive Neurose behindert war, eine absolute Qual innerer und äußerer Restriktionen. Eines Tages hatte sie eine Vision ihrer Vergangenheit, übersät mit düsteren Episoden, und ich sagte zu ihr: »Vielleicht *ist* das Ihr Leben.« Es war mir schrecklich, das zu sagen, denn sie war noch sehr jung, aber ich glaube, das war ein Wendepunkt für sie. Ich spürte, daß es ein Fehler gewesen wäre, es nicht zu sagen, ein Fehler, sie vor dieser Verzweiflung zu schützen, der Verzweiflung einer narzißtischen Lösung.

Meine Erfahrung sagt mir, daß der Analytiker unerbittlich sein muß, wenn es darum geht, der narzißtischen Person den falschen Trost, mit dem sie sich umgibt, wegzunehmen, und daß er sie zugleich sorgsam und teilnahmsvoll sozusagen festhalten muß. Wenn es in all diesen sinnlichen Erotisierungen ein Moment der Verzweiflung gibt, dann ist die Person gezwungen, mit einem inneren mentalen Objekt in Beziehung zu treten. In der Verzweiflung stößt sie all die falschen Vorstellungen und Lösungen beiseite. Es ist wichtig, das wirklich Gute, die spontane Handlung in einer Person zu erreichen und diesem Guten allen Rückhalt zu geben. Ich bin betroffen, wie sehr wir Therapeuten auf nur vermeintlich Gutes hereinfallen. Das ist dann der Fall, wenn das fälschlich für gut Gehaltene sich nur in Worten, nicht aber in emotionaler Handlung ausdrückt. Sehr häufig ist es schwierig, den Unterschied zu erkennen.

Auch sollte der Therapeut, damit der Patient die Verzweiflung überhaupt erreichen kann, nicht vorübergehend Trost bieten. Extrasitzungen, zu einer Sucht werdende Telefonanrufe, Ratschläge, Bücherausleihen und Myriaden anderer kleiner »Tröstungen« sollten vermieden werden. Wichtig ist auch, sich klar zu werden, was zur Sache gehört. Wenn ich dem Patienten etwas gesagt habe, frage ich mich nachher oft, ob das die Sache wirklich weiterbringt.

Einige Kommentare zur Technik

Ich habe absichtlich nicht viel über therapeutische Techniken gesagt. Im allgemeinen ziehe ich es vor, meine Gedanken darzulegen und es den Therapeuten selbst zu überlassen, welche Art der Anwendung ihnen geeignet erscheint. Ich möchte jedoch etwas über eine Form von Spiegelung sagen, die vielfach angewandt wird. Beispielsweise kommt ein Patient herein und sagt: »Ich bin heute hergekommen, obwohl ich mich niedergeschlagen gefühlt habe; eigentlich wollte ich gar nicht kommen«, und der Therapeut antwortet: »Ich verstehe, Sie fühlen sich deprimiert.« Das bewirkt gar nichts. Der Therapeut hat eine Aufgabe zu erfüllen und nicht zu spiegeln. Statt herumzuschwatzen, sollte der Therapeut darüber nachdenken, warum der Patient deprimiert ist. Bei meiner Ausbildung zum Analytiker hatte ich beim zweiten Fall eine gute Gelegenheit, auf diese Weise zu spiegeln, woraufhin der Patient erwiderte: »Aber das habe ich doch gerade gesagt.« Bravo! Leider ist selten jemand so ehrlich.

Diese Form der Spiegelung ist so häufig, daß ich glaube, es muß eine spezielle Schule geben, die sie lehrt. Wenn jemand hereinkommt und sagt: »Ich wollte heute nicht kommen«, wird der Therapeut vielleicht nicht wissen, warum er nicht kommen wollte, aber er kann nachdenken, statt zu schwatzen. In der Psychotherapie liegt der Heilungsprozeß in der Beziehung eines Bewußtseins zu einem anderen, und Worte sind die Vehikel, die die seelischen Verhaltensweisen hin und her tragen. Denken Sie daran, wenn Sie sprechen. Fragen Sie sich: »Was für ein Vehikel war das?«

Es gibt noch einen häufigen Irrtum, den wir vermeiden müssen. Der Patient sagt zum Therapeuten: »Ich habe Angst, das zu sagen, weil ich fürchte, daß Sie es mißbilligen werden.« Meiner Erfahrung nach antwortet der Therapeut darauf sehr oft: »Warum glauben Sie, daß ich es mißbilligen werde?« Das ist gleichbedeutend mit der Antwort: »Nur keine Sorge, ich werde es nicht mißbilligen.« Dem Patienten fällt es schwer, seine Meinung zu äußern, wenn jemand sie mißbilligt, und das lähmt ihn. Wenn der Therapeut nur sagt: »Nur keine Sorge, ich werde es nicht mißbilligen«, ist nichts getan, um das Problem des Patienten zu lösen. Ich glaube, eine hilfreichere Antwort wäre: »Warum hindert Sie meine Mißbilligung am Sprechen?« Sie sagen vielleicht: »Ich werde es nicht mißbilligen«, und merken, daß das eine Projektion ist, aber für diesen Patienten ist die Mißbilligungsbarriere der Rubikon, den er überschreiten muß. Wenn der Therapeut sagt: »Warum glauben Sie, daß ich es mißbilligen werde?« und der Patient dann denkt: »Was für ein netter Mensch; jetzt werde ich all die unangenehmen Dinge sagen«, so entsteht ein Durcheinander zwischen Patient und Therapeut, das nicht dazu beiträgt, das Problem des Patienten in bezug auf andere mißbilligende Personen zu lösen.

In diesen beiden Fällen, besonders im zweiten unterstützt der Therapeut die narzißtischen Neigungen, statt ein Umfeld zu schaffen, das dem Patienten hilft, den schöpferischen Schritt zu tun und sich zu trauen, sie hinter sich zu lassen.

Zum Schluß ein Argument, das ich schon früher gebracht habe: Sie können zwar Bedingungen schaffen, die den schöpferischen Schritt leichter machen, aber Sie können den Schritt für die andere Person nicht selbst tun. Diese psychische Handlung muß von innen kommen. Der geheilte Alkoholiker bewies, wie ich glaube, ein gewisses Heldentum. Wir können niemandem eine Schuld zurechnen, wenn er kein Held ist, aber es kann uns ermutigen, wenn jemand tatsächlich den schweren Weg geht.

Neuntes Kapitel

Das Verhältnis zu anderen psychoanalytischen Theorien

Ich möchte nun meinen theoretischen Ansatz mit einigen Ansätzen anderer psychoanalytischer Narzißmustheorien vergleichen, insbesondere mit solchen, die sich aus der Objektbeziehungstheorie der »Britischen Schule« entwickelt haben – also den Theorien von Fairbairn, Melanie Klein, Winnicott, Frances Tustin und Heinz Kohut –, nicht so sehr, weil sie sich speziell mit Narzißmus auseinandergesetzt haben (obwohl sie das taten), sondern weil sich die verschiedenen heutigen Zugangsweisen zum Narzißmus gewöhnlich auf eine ihrer Theorien stützen.

Fairbairns Narzißmustheorie

Fairbairn gebraucht den Ausdruck »Narzißmus« selten, da sein klinisches Interesse in erster Linie den »schizoiden Zuständen« galt; hierunter verstand er Zustände, in denen das Ich in sich selbst zurückgezogen ist und keinen Kontakt zum äußeren Objekt unterhält. Der Grundstein all seiner theoretischen Überlegungen war: Libido ist Objektsuche. Während Freud Libido als Energie verstanden hatte, einen Trieb, der über eine der erogenen Zonen Entladung sucht, meinte Fairbairn, die erogene Zone sei nur ein Tor, durch das Libido sich aufmache, um ihr Objekt zu erreichen. So erhielt Libido bei ihm eine andere Bedeutung, allerdings glaube ich, daß Libido für das, was er beschrieb, der falsche Ausdruck war.

Subjektiv betrachtet, sagte Fairbairn, suche jeder emotionalen Kontakt zu anderen, und das sei das tiefste Verlangen im Herzen des Menschen. Emotionalen Kontakt mit jemandem zu finden, gibt dem Leben einen Sinn. Darin unterscheidet er sich vom Freudschen Modell, denn was für Freud der Sexualtrieb war, wird bei Fairbairn zum emotionalen Wunsch. Freud unterschied zwischen Triebziel und Triebobjekt, und Fairbairn behielt diese Unterscheidung bei, obgleich bei ihm das Objekt zum Triebziel wurde und die erogene Zone zum Mittel, es zu erreichen. Bei Freud ist das umgekehrt: Spannungsabfuhr wird gerade durch das Objekt erreicht. Die Theorie Freuds kann nicht zwischen Masturbation, homosexuellem Kontakt, sexueller Liebe zwischen Mann und Frau, gelegentlichen sexuellen Kontakten oder einer tiefen, dauerhaften Liebe unterscheiden. Natürlich machte Freud einen Unterschied zwischen diesen Dingen, jedoch nicht theoretisch. Seine Theorie stützte seine klinischen Entdeckungen nicht. George Klein differenziert in seinem Buch *Psychoanalytic Theory* (1979) bei Freud zwischen metapsychologischer und klinischer Theorie. Ich beziehe mich hier auf Freuds metapsychologische Theorie.

Wenn das Objekt nicht zur Verfügung steht, sagte Fairbairn, dann wendet sich das Kind nach innen und schafft sich sein eigenes Objekt. Es wendet sich seinem inneren Objekt zu, und das ist immer mit körperlicher Befriedigung verbunden. Diese Orientierung nach innen ist für die Position des »schizoiden Individuums« typisch. Die Abwendung vom äußeren Objekt und die Erhebung des Selbst zum Objekt der Befriedigung entspricht dem, was ich als Narzißmus beschrieben habe: Das Selbst wird als sinnliches Objekt genommen. Doch in Fairbairns Theorie gibt es nichts, was dem (gewählten oder verschmähten) *Lebensspender* entspräche, denn im Falle von Libido gibt es keine Wahl.

Fairbairn ist der einzige Freudianer, der Freuds Strukturmodell verwarf: das Ich, das Über-Ich und das Es. In seiner Theorie gibt es kein Es, nur Ich und Objekt und abgespaltene Teile des Ich. Ich möchte behaupten, daß Kliniker, auch wenn sie an der Freudschen Strukturtheorie des Es festhalten, nicht wirklich auf dieser Grundlage arbeiten, sondern eigentlich von der Voraussetzung ausgehen, daß es an dem vom Ich abgespaltenen Teil liegt, wenn jemand in eine Sackgasse gerät. Selbst die Anhänger Fairbairns haben nicht wirklich zur Kenntnis genommen, daß er sich von der Theorie Freuds entfernt hat.

Was Fairbairn als schizoiden Zustand bezeichnet, ist eine Folge der Tatsache, daß die Mutter früher dem Säugling entzogen und für ihn emotional nicht erreichbar war. Eine solche Erklärung ist deterministisch: wenn A, dann B. Wenn Sie eine Mutter haben, die emotional nicht erreichbar war, dann kommt es unausweichlich zu diesem Ergebnis. Da gibt es kein Zwischenglied.

Die »Britische Schule« - ob es sich nun um Anhänger von Fairbairn oder Melanie Klein handelt (im Gegensatz zu Anna Freud und den Ich-Psychologen) – hat immer vertreten, daß von Geburt an ein Ich vorhanden ist, und ein Ich bedeutet ein intentionales Verhältnis zu Ereignissen. Anna Freud widersprach dieser Ansicht ebenso wie Heinz Hartmann und viele andere Psychoanalytiker in den Vereinigten Staaten, weil sie hartnäckig an Freuds Triebtheorie und seinem Konstanzprinzip festhielten, denen zufolge der Organismus grundsätzlich danach strebt, einen Zustand des Gleichgewichts herzustellen.

Fairbairn formte die Entwicklungstheorie von Freud und Abraham radikal um und ließ trotzdem den Begriff der Libido bestehen, der wesentlich mit der Konstanztheorie oder mit dem, was später als homöostatische Theorie bekannt wurde, verbunden ist. Doch verstand er unter Libido eindeutig etwas, das eher Wunsch oder vielleicht Verlangen entspricht. Man kann einen solchen Begriff wie »Wunsch« kaum denken, ohne sein Gegenteil »Zurückweisung« mitzudenken. Und Fairbairn kam dem sehr nahe, als er vom »anti-libidinösen Ich« sprach.

Ich meine, es lohnt sich zu fragen, warum Fairbairn den Ausdruck »Libido« beibehielt. Die einzig plausible Antwort scheint zu sein, daß jeder große Denker, der Fortschritte macht, das innerhalb eines Rahmens tut, von dem er einige tragende Säulen nicht beseitigen kann. Ich halte Fairbairn nach Freud (vielleicht mit Ausnahme von Bion) für den größten psychoanalytischen Denker, insofern er tatsächlich die Konsequenzen eines jeden Schrittes, den er tat, bedacht hat. Wenn Freud neue klinische Erkenntnisse gewann, baute er oft ganze Aspekte seiner Theorie um; die meisten Kliniker, selbst Leute mit viel Verständnis für die Sache, tun das nicht. Wenn sie klinisch zu einer neuen Einsicht kommen, dann fügen sie sie einfach in die vorhandene Theorie ein. Das tat Melanie Klein beispielsweise, als sie ihre »paranoid-schizoiden und defensiven Positionen« einfach der alten Theorie hinzufügte. Das gleiche tat Winnicott mit dem wahren und dem falschen Selbst; er fragte sich nicht, wie diese Theorie mit dem Ich und dem Es zusammenpaßt.

Der Ausdruck »Libido« ist ein fester Bestandteil der physikalistischen Metapsychologie Freuds, von der Fairbairn sich distanziert hat, folglich wäre es konsequenter gewesen, wenn die Theorie Fairbairns auch auf diesen Ausdruck verzichtet hätte. Ich meine, daß Intentionalität von einer Theorie der Objektbeziehungen nicht zu trennen ist. Wenn wir den mechanistischen Ausdruck »Libido« herausnehmen und ihn durch »Wunsch« ersetzen, dann muß dieser Ausdruck an ein Subjekt und ein Objekt gebunden werden. In der Tat hat Fairbairn, als er über Freuds psychosexuelle Stufen – die orale Stufe, die anale Stufe und die genitale Stufe – nachdachte, ausdrücklich gesagt, die orale Stufe sollte besser Bruststufe genannt werden, aber er tat den letzten Schritt nicht. Wenn die Aussage lautet: »Ich will die Brust«, wird deutlich, daß es sich um eine intentionale Aussage handelt, so daß auch die gegenteilige Aussage möglich wird: »Ich will die Brust nicht.«

Fairbairn sagte, das Ich entziehe sich dem Vakuum, das durch eine emotional unerreichbare Mutter entstanden ist, und wende sich einem inneren Objekt zu. Dieses Objekt hat zwei Aspekte: Das Ich verbindet sich mit einem schlechten oder »bösen« inneren Objekt und tröstet sich zugleich, indem es einen Körperteil als erotisches Objekt nimmt. Das letztere wird später zum Masturbationsobjekt: Es kann der Daumen sein, an dem gesogen wird, der Penis, den man reibt, die Klitoris, an der manipuliert oder der anale Schließmuskel, der stimuliert wird. Alle diese Aktivitäten können solipsistisch erfolgen, oder ein anderer kann dazu verführt werden, sie für das Individuum zu tun. Im letzteren Fall wird die von außen wirkende Kraft zum Agens der Masturbation. Die masturbierenden Aktivitäten sind wesentliche Begleitumstände der Hinwendung zu inneren Objekten; das »böse« innere Objekt macht sie erforderlich. Die »böse«, unzugängliche Mutter ist introjiziert, und das damit verbundene schlechte innere Gefühl ist so unerträglich, daß die Person nach kompensatorischen Tätigkeiten suchen muß, um sich besser zu fühlen. Ich will nun das Wesen eines solchen Begleitumstandes näher untersuchen.

Nach meiner Theorie, die über die Fairbairns hinausgeht, braucht das Masturbieren nicht immer eine direkte Stimulation erogener Zonen zu sein; es kann auch mittelbar erogen wirken und symbolisch mit einer erotischen Tätigkeit verbunden sein. So kann die Lust der Darmentleerung sich symbolisch in der Beseitigung von Hausabfällen wiederholen. Ähnlich kann es lustvoll sein, bestimmte Inhalte aus dem Bewußtsein zu tilgen, wobei diese Inhalte auch eine Person oder ein Volk umfassen können. Außenstehende lassen sich für diese Formen der Masturbation einsetzen; in diesem Fall ergibt sich der Lustgewinn daraus, eine andere Person so zu behandeln, daß die entsprechende masturbierende Wirkung erzielt wird. Die Lust, den Kot zurückzuhalten, wiederholt sich symbolisch darin, anderen Informationen vorzuenthalten, und die Lust an der Diarrhö wiederholt sich symbolisch im Wortstrom, der sich über andere ergießt. Auch letzteres ist mit oralen auf ein Lustempfindungen verbunden. Die Verbindung geschieht durch *Amphimixis,* die Verschmelzung und Konzentration auf ein Lustzentrum. Ich habe hier Fairbairns Theorie insofern weiterentwickelt, als ich annehme, daß ein Individuum, das weitgehend dem Drang zur narzißtischen Option unterliegt, zu seiner Motivierung notwendig die Erotisierung des Selbst sucht.

Fairbairn hatte eine weitere wichtige These. Er sagte, die Mutter, die emotional unerreichbar ist, wirke gleichzeitig erotisch erregend. Ein Mangel an erotischer Nahrung macht das Objekt sozusagen ekstatisch. Aufgrund dieser These sind auch Fälle von Inzest zu erklären, denn Inzest tritt oft dann auf, wenn aus Mangel an emotionaler Befriedigung eine Leere ausgefüllt werden muß.

Fairbairns phänomenologische Beschreibung des schizoiden Individuums deckt sich weitgehend mit dem von mir vorgeschlagenen Modell. Das Individuum wendet sich von der Außenwelt ab und wählt sein eigenes Selbst als Objekt. Nach Fairbairn besteht die Aufgabe des Psychotherapeuten darin, in diese innere Festung vorzustoßen, den Patienten aus seinem Introvertiertsein herauszuholen und ihm zu helfen, Beziehungen zu Objekten der Außenwelt aufzunehmen.

Narzißmus bei Melanie Klein

Melanie Klein vertrat wie Fairbairn den Standpunkt, daß das Individuum von Geburt an objektbezogen sei. Doch anders als er formte sie Freuds und Abrahams Libido-Theorie nicht um. Sie behielt Freuds Triebtheorie bei, gründete aber ihre klinische Theorie auf der festen Überzeugung, daß bereits bei der Geburt ein Ich vorhanden sei. (Wie ich oben schon sagte, stimmt die klinische Theorie dieser Psychoanalytiker – Fairbairn macht da eine Ausnahme – nur selten ganz mit ihrer Metatheorie überein.)

Des weiteren nahm Melanie Klein an, die Hauptschwierigkeit ergebe sich für den Säugling aus seiner Angst vor Vernichtung; diese Angst rührt daher, daß der Säugling den »Todestrieb« (death instinct), wie sie das nannte, in sich trägt. Während Fairbairn meinte, die Ängste eines Säuglings, der eine emotional nicht erreichbare Mutter hatte, kämen daher, daß der Säugling diese schlimme Tatsache internalisiert habe, führte Melanie Klein die Ängste des Säuglings auf eine genetisch bedingte Ausstattung, also das Vorhandensein eines Todestriebes, zurück.

Der dritte Baustein von Melanie Kleins Theorie besteht in der These, daß der primitive Organismus von zwei Tätigkeiten regiert wird: von der Entleerung innerer Inhalte nach außen (was sie »Projektion« nennt) und von der Aufnahme äußerer

Dinge (»Introjektion«). Der Organismus läßt sich nach diesen beiden Tätigkeiten als ein Stoßen und Ziehen beschreiben. Ein Individuum, das völlig von dieser Angst um sein Inneres in Anspruch genommen ist, wird narzißtisch; es hat keine Energie zur Verfügung, um zum Selbst oder zur Außenwelt eine wirkliche Beziehung aufzunehmen.

Nach meiner eigenen Beschreibung besteht die Grundhaltung der narzißtischen Position in der Zurückweisung des *Lebensspenders.* Fairbairn konzentrierte seine Aufmerksamkeit auf das innere Objekt, dem sich das Ich zuwendet, während Melanie Klein ihr Augenmerk auf die destruktive Aktivität richtete, die im Inneren vor sich geht und dazu führt, daß das Individuum Angstimpulse nach außen projiziert und das äußere Objekt damit zu etwas Erschreckendem – mit anderen Worten zu einem Angstauslöser macht. Freud sprach zuerst von einem Angstimpuls, aufgrund dessen man ein inneres Objekt in die Außenwelt projiziert, um dann dem äußeren Objekt mit Angst zu begegnen. Am typischsten ist der Fall, daß man das Gefühl hat, ein Außenstehender könne einen nicht leiden, und man diesen deshalb zu einem Objekt macht, auf das man massive Ängste projiziert. Während Fairbairn sagte, das Individuum wende sich einfach von diesem Außenstehenden ab, konzentrierte Melanie Klein sich auf die Frage, was mit ihm geschieht. Sie behauptete, solche äußeren Gestalten würden beileibe nicht ignoriert oder verschmäht, sondern schonungslos überfallen, attackiert, geplündert und so weiter.

Sowohl Fairbairn als auch Melanie Klein vertraten den Standpunkt, es gebe so etwas wie ein psychisches Verschmähen der äußeren Gestalten. Fairbairn meinte, dieses Verschmähen geschehe, weil die anderen »böse« seien (die emotional unerreichbare Mutter beispielsweise), während Melanie Klein hervorhob, auf welche Weise das Kind sie »böse« *mache.*

In der psychoanalytischen Literatur über Narzißmus ist die Bosheit, die narzißtische Menschen entwickeln können, gut beschrieben. Bei Melanie Klein steht die Beschreibung, wie das Individuum mit Macht die verhaßten Aspekte seines Selbst in andere projiziert, in keinem spezifischen Zusammenhang zu ihrer Narzißmustheorie, dennoch gehören diese Aktivitäten zur narzißtischen Person. Es leuchtet nicht unmittelbar ein, warum diese Prozesse immer dann ablaufen sollen, wenn die Gegenwart des anderen elementar verschmäht wird. Um uns das klar zu machen, müssen wir mehrere Dinge in Betracht ziehen.

Fairbairn sagte, obwohl das Individuum die Gestalten der Außenwelt vielleicht gänzlich verschmähen möchte, kann es das nicht. Um zu überleben, braucht das Kind die Verbindung zu seiner Umgebung (diesen Punkt hat Bion betont), es kann auf die Brust oder die Mutter nicht gänzlich verzichten, aber es kann sie hassen. Das ist die eine Betrachtungsweise. Eine andere ist, nach Fairbairn, daß sich das narzißtische Individuum nach innen gerichtet, inneren Gestalten zugewandt hat, die böse und unwirklich sind. Infolgedessen macht es alle Anstrengungen, um die äußeren Gestalten mit diesen inneren Imagines in Übereinstimmung zu bringen, und dazu werden sie entsprechend manipuliert. Wenn eine äußere Gestalt sich diesem mächtigen projizierenden Druck widersetzt, dann reagiert das Individuum mit Wutausbrüchen.

Doch auch das beantwortet die Frage noch nicht ganz beziehungsweise wird den Fakten nicht ganz gerecht. Tatsächlich überfallen, rauben und plündern Menschen in der Weise, wie Melanie Klein das beschreibt. Dafür gibt es zahlreiche Beweise im Phantasieleben jüngerer Kinder und in Zeugnissen über die Greueltaten der Menschheitsgeschichte. Trotzdem ist diese Gewalt durch das bisher Gesagte noch nicht völlig erklärt. Um ein umfassenderes Verständnis davon zu bekommen, müssen wir zur Grundthese zurückkehren.

Ich bin überzeugt, daß Melanie Klein recht hatte, als sie betonte, äußere Objekte würden durch ihre Projektion nach innen entstellt und innere Objekte würden dadurch entstellt, daß äußere Objekte auf sie einwirken. Ich meine, sie hat auch recht, wenn sie die Aufmerksamkeit auf die Tätigkeiten des Ich richtet, wie Spaltung, Projizierung und so weiter. Ihrer Auffassung nach ist das Ich die Quelle der Tätigkeit, dennoch hält sie an Freuds Triebtheorie fest und damit auch an der Vorstellung vom Todestrieb; sie betrachtet den Todestrieb - die Quelle der Vernichtung - als den Ursprung der Angst. Obwohl sie ein aktives Ich annimmt, sieht sie dessen Hauptaktivität in der Abwehr gegen den inneren Destruktionstrieb. Das Ich ist auch aktiv, wenn es um seine Wiederherstellung geht, nicht aber in einem innovatorischen, schöpferischen Sinne.

In meiner Kritik an Melanie Klein stimme ich mit Fairbairn überein. Da Melanie Klein die Auffassung vertritt, Ich und Objektbeziehungen seien von Geburt an da, ist es unlogisch, an der Konstanztheorie, der Triebtheorie und dem Begriff des Es im üblichen Sinne festzuhalten. Melanie Klein ist der Ansicht, daß sich das Ich je nach Schuldgefühl - gemeint ist ein tiefes, unterhalb der Bewußtseinsschwelle liegendes Schuldgefühl - spaltet, sich vereinigt, projiziert und introjiziert. Das würde eigentlich gut zu der von mir vorgeschlagenen Theorie vom Zurückweisen und Verstoßen des *Lebensspenders* passen. Doch dann führt sie die Idee der inneren Vernichtungsbedrohung seitens des Todestriebes ein, was meiner Ansicht nach unnötig ist. Die Tatsache, daß wir bei uns selbst, bei unseren Patienten und in der Gesellschaft starke Destruktivität vorfinden, ist so offensichtlich, daß es dafür keines Beweises bedarf. Die emotionale Gewalt, die Klein postuliert, erklärt sich meiner Meinung nach ausreichend allein aus dem Schuldgefühl. Ich glaube, sie hielt aus Loyalität zu Freuds Triebtheorie am Begriff des Todestriebes fest, doch macht das ihre sonst so klaren Formulierungen nur verworren.

Ich möchte hier noch eine kurze Anmerkung machen. Wenn ich von zwei unvereinbaren Positionen aus handle - mich mit demjenigen, der mich mit einer bestimmten Theorie ausgestattet hat, identifiziere und zugleich etwas tue, das dieser Theorie widerspricht -, so heißt das, ich bin gespalten; wenn eine solche Abspaltung wirksam ist, kann es keine wahre persönliche Überzeugung geben. In allen Arten der Psychotherapie oder Psychoanalyse ist die Aufrichtigkeit des Therapeuten oder

Analytikers extrem wichtig. Es macht einen großen Unterschied, ob man aus persönlicher Überzeugung spricht oder einfach Deutungen von Lehrern, von Supervisoren oder von Freud auftischt; der Unterschied erweist sich in der Behandlung.

Narzißmus im Denken von Winnicott

Winnicott gelangte zu einer Formulierung von Narzißmus, die in mancher Hinsicht der Fairbairns entspricht. Nach Winnicott zieht sich das wahre Selbst hinter eine falsche Fassade zurück. Das ähnelt Fairbairns Konzeption, wonach das wahre Selbst nicht mit den Gestalten der äußeren Welt in Berührung kommt. Das Selbst hat sich nach innen zurückgezogen, weil die Mutter (gewöhnlich infolge einer Depression) unfähig war, sich angemessen auf ihr Kind einzustellen. Nach Fairbairn geschieht dieser Rückzug, weil das Kind bei der Mutter auf ein emotionales Vakuum trifft. Winnicotts Theorie läßt, ebenso wie die Fairbairns, keinen Raum für eine intentionale Reaktion des Kindes.

Es gibt noch eine andere Möglichkeit, die Ursprünge des falschen Selbst begrifflich zu fassen. Kehren wir zu meiner These zurück, wonach sowohl innerlich als auch äußerlich eine Abwendung vom anderen stattfindet und diese Abwendung ein schuldhafter Akt ist, dann muß das dargestellte Selbst eine Täuschung sein. Die Fassade besteht aus demselben Stoff, aus dem auch das Verhalten der Mutter gegenüber ihrem Kind gemacht ist, und zwar entsprechend der subjektiven Erfahrung des Kindes. Nehmen wir ein Beispiel: Marie verhält sich zu allen Menschen, denen sie in ihrem beruflichen und sozialen Leben begegnet, überaus höflich und zuvorkommend. Doch das ist nur eine Fassade. Bei einem Fest kann sie zu einem selbstgefälligen Mann mittleren Alters extrem höflich sein, während sie bei sich denkt, was das doch für ein Idiot ist, von dem sie wegkommen möchte. Sie zeigt aber nichts davon. Eigentlich verachtet sie die Menschen innerlich. Es gibt also eine Diskrepanz zwischen ihrem Bewußtseinszustand und ihrem äußeren Verhalten; sie zeigt ein falsches Selbst. Innerlich verschmäht sie die Gegenwart des anderen, aber nach außen täuscht sie extreme Höflichkeit vor. Woher nimmt sie diese Höflichkeit, die sie so sorgsam zur Schau trägt? Marie spricht regelmäßig von ihrer Mutter, die immer so höflich ist, von der sie aber enttäuscht wurde, als sie, vierjährig, von ihr um einer neuen Karriere willen verlassen wurde. Maries Reaktion war, die anderen zu verschmähen und Trost bei einem sinnlichen Selbst zu suchen, das sie sich in halluzinatorischer Wunscherfüllung schuf. Doch dann setzte sie sich die Höflichkeitsmaske der Mutter auf. Warum?

Sie suchte nach einem Modell für die falsche Fassade und wählte das Modell der Mutter; doch sie hätte ebensogut den Vater wählen oder eine Mischung aus beiden nehmen können. Wenn sich jemand für die narzißtische Option entscheidet, ist es bezeichnend, daß er die einfachste Lösung wählt; nie würde er eine Lösung wählen, die mit Anstrengungen verbunden ist.

Die Höflichkeitsmaske der Mutter aufzusetzen, bereitet auch Vergnügen. »Ich wende mich innerlich von ihr ab, aber ich tue so, als wäre ich wie sie, dann kann sie sich nicht beklagen. Ich täusche sie unentwegt mit vollendeter Höflichkeit. Das gibt mir ein inneres Triumphgefühl.« Das ist gewissermaßen Rache an der Mutter. Während sie jedoch ihren Wunsch befriedigt, mit List zu täuschen, wird das innere Kind emotional ernstlich frustriert.

In Winnicotts Erklärung, das Kind ziehe sich einfach nach innen zurück, weil es eine depressive Mutter hat, fehlt der intentionale Schritt des Kindes. Auch diese Theorie krankt an Freuds deterministischem Modell, nämlich der Vorstellung, wir seien triebgeleitet. Winnicotts Theorie gibt keine rechte Erklärung, wieso es zu einer Triebumwandlung kommt. Man bedenke, wie langsam die menschliche Evolution voranschritt, bis schließlich affenartige Geschöpfe entstanden. Gehen wir vierhunderttausend Jahre zurück, dann finden wir keinerlei Anzeichen von Bestattungsritualen. Die Menschen starben so, wie Tiere starben. Vor etwa hunderttausend Jahren begannen die Menschen hingegen, ihre Toten zu begraben. Über diese

Entdeckung ist einiges geschrieben worden, aber ich bin mir nicht sicher, ob, zumindest hinsichtlich psychoanalytischer Theorien, die Bedeutung dieser Entdeckung wirklich erfaßt worden ist. Sie zeigt, daß die Menschen nicht einfach triebgeleitet sind, sondern jeder einzelne eine Quelle des Handelns ist. Sie beweist, daß es eine Triebveränderung gegeben hat.

Ich möchte hier das Wesen der Intentionalität nicht im einzelnen erörtern, sondern betonen, daß die Annahme des falschen Selbst durch eine intentionale Identifikation zustande kommt. Bei Winnicotts Beschreibung der Ursachen für das falsche Selbst fehlt dieser intentionale Aspekt.

Narzißmus bei Frances Tustin

Frances Tustin richtete ihre Aufmerksamkeit hauptsächlich auf autistische Zustände bei Kindern, und sie war in der psychotherapeutischen Behandlung des Autismus bemerkenswert erfolgreich. Ich möchte ihre Ansichten kurz zusammenfassen.

Als Kinderpsychotherapeutin hatte sie in der Praxis mit kindlichen Patienten zu tun, die unter schweren autistischen Störungen litten, das heißt Kindern, die emotional von der Familie abgeschnitten waren und ihren Familienmitgliedern daher großen Kummer bereiteten. Tustin kam zu dem Schluß, daß hinter den Mauern der inneren Festung, die solche Kinder sich bauen, eine psychotische Depression liegt. Die Depression – die John, einer ihrer frühen Patienten, »ein schwarzes Loch« nannte – entsteht durch eine traumatische Trennung des Kindes von seiner Mutter, eine Trennung, die geschieht, bevor das Kind seelisch dazu bereit ist. Die Trennung von der Mutter wird als eine Zerstörung des Selbst erlebt, weil das Kind auf dieser Entwicklungsstufe die Mutter nicht als eine getrennte Entität erlebt. Anders ausgedrückt: Der psychotischen Depression geht ein schrecklicher Verlust voraus, der ohne Trauer bleibt.

Autistische Kinder bauen um das schwarze Loch eine Festung, die sie fast gänzlich von jeglichem emotionalen Kontakt abschneidet.Über Deutungen, die auf diesem Grundverständnis basieren, gelang es Tustin, mit diesen Kindern Kontakt aufzunehmen. Neben den Deutungen schien es ihr wichtig, sich an einen fest geregelten Zeitplan zu halten, und sie achtete darauf, das Kind nicht zu verwöhnen. Dieses Konzept hielt sie durch, auch wenn das Kind sie dazu zu bringen versuchte, es aufzugeben. Sie war der Meinung, daß das Festhalten an einer emotionalen Stabilität in den Kindern gewissermaßen ein geistiges Muskelwerk entstehen ließe, das es ihnen ermöglichte, allmählich die Mauern ihrer Festung abzubauen – mit anderen Worten, mit ausreichend innerer Muskulatur hätten sie das äußerliche Skelett nicht mehr nötig und könnten anfangen, dieses äußerliche Skelett durch ein inneres zu ersetzen.

Ich meine, Tustins Autismus ist eine weitere Art, eine extreme Form des Narzißmus zu beschreiben. Darauf möchte ich nun eingehen und die Gründe darlegen, warum ihre Methode in umgekehrter Reihenfolge zeigt, wie der narzißtische Zustand entsteht.

Es gibt die Vorstellung, daß dem Narzißmus in seiner Entwicklung Autoerotismus vorausgeht. Das entspricht der Begrifflichkeit Freuds. Allerdings beruht diese Formulierung auf der Voraussetzung, daß auf den frühen Entwicklungsstufen noch kein Ich vorhanden ist, und da Narzißmus ein Zustand ist, in dem das Ich als erogenes Objekt dient, kann es diesen Zustand ohne ein Ich nicht geben. Deshalb mußte ein Terminus gefunden werden, um eine auf den Organismus beschränkte erotische Aktivität zu beschreiben; so wurde der Begriff »Autoerotismus« geprägt. Nach der Objektbeziehungstheorie der »Britischen Schule« hingegen kann es keinen reinen Organismus geben; so wenig, wie es nur Trieb geben kann. Es gibt ein »Ich« von Geburt an. (Ich meine, diese Auffassung hat sich in einigen neueren Untersuchungen über Kinder bestätigt.) Daher ist es sinnvoll, hier bereits von »Narzißmus« zu sprechen.

Nach Tustins Formulierung ist Autismus die Folge einer frühen Verletzung der symbiotischen Bindung zwischen Mutter und Kind. Tustin befaßt sich nicht mit der Frage, ob bei dieser Handlung irgendwelche Intentionalität eine Rolle spielt. Patienten, bei denen sich ein autistischer Bereich feststellen läßt, wählen sichtlich den einfachen Ausweg; sie kämpfen nicht. Sie gehen den Weg des geringsten Widerstandes. Wenn Tustin in ihrer Rolle als Therapeutin Patienten jedoch einen festen Halt anbot, gelang es ihnen, ihre Situation umzukehren.

Tustin glaubt, daß gerade dieses ursprüngliche Losgerissenwerden von der mütterlichen Verankerung den autistischen Zustand initiiert. In bezug auf die Theorie würde ich sagen, daß dieses Losgerissenwerden, das ursprüngliche Trauma, zu der Reaktion des Sich-Abwendens führt. Für mich ist klar, daß Autismus tatsächlich *Narzißmus* ist.

Der Ansatz von Heinz Kohut

Als ich an der Tavistock-Klinik arbeitete, kritisierte ich Melanie Klein heftiger als andere Psychoanalytiker, einfach um die Leute zum Denken herauszufordern. Aus dem gleichen Grund möchte ich hier Heinz Kohut kritisieren, denn in manchen Kreisen besteht die Tendenz, seine Theorie unhinterfragt zu akzeptieren.

Hier eine Kurzfassung von Kohuts Theorie: Er sagt, wir sichern Kohäsion, Vitalität und Stärke des Selbst durch die Unterstützung von Selbst-Objekten. Selbst-Objekte stehen in einer uns gemäßen, empathischen Beziehung zu uns. Das Versagen einer solchen Beziehung in der Kindheit ist die Wurzel aller Psychopathologie. Die Aufgabe des Therapeuten besteht darin, eine empathische Beziehung zum Patienten herzustellen, der diese Selbst-Objekt-Beziehung dann internalisiert. Kohut glaubt daher, daß Therapie eine korrigierende emotionale Erfahrung ist. In seinem Buch *Wie heilt die Psychoanalyse?* (Kohut, 1984) gibt er folgende Beispiele für reife Selbst-Objekt-Beziehungen: die zunehmende Fähigkeit, ein Gefühl der Sicherheit zu verspüren, wenn einem ein Freund wortlos den Arm auf die Schulter legt; die Fähigkeit, sich durch Musik gestärkt und erbaut zu fühlen; die Fähigkeit, freudig die Produkte der eigenen Kreativität vorzuweisen, um die Anerkennung eines interessierten Selbst-Objekt-Publikums zu erhalten.

Psychische Reife

Kohut definiert reife Abhängigkeit daher als die Fähigkeit, die Ermutigung eines anderen, den Beifall des Publikums zu genießen. Worin besteht das Problem, wenn jemand die Ermutigung eines anderen nicht annehmen kann? Wir kennen die Person sehr gut, die, tief von Negativität durchdrungen, das Lob eines Freundes oder den Beifall des Publikums sofort abwehrt. Das zu überwinden und fähig zu sein, Lob und Applaus anzunehmen, ist eindeutig ein seelischer und emotionaler Fortschritt. Doch würde ich nicht die Fähigkeit, solche Ermutigung anzunehmen, als Reife bezeichnen, die Reife liegt vielmehr in den inneren Handlungen, die diese Fähigkeit mit sich bringen. Das mag auf der Hand liegen und bei Kohut impliziert sein, doch drückt er es nicht aus. Darin scheint mir ein wichtiger Unterschied zu liegen.

Kohut betont unsere Fähigkeit, derartige soziale Belohnungen anzunehmen, aber er unterscheidet nicht zwischen einer Handlung, die einzig und allein auf solche Belohnungen abzielt, und einer liebenden, anteilnehmenden oder gebenden Handlung, die vielleicht Lob zur Folge hat, vielleicht aber auch nicht. Er unterscheidet also nicht zwischen Narzißmus und Objektliebe. Das stimmt mit seiner Auffassung überein, Ziel der Psychoanalyse sei eine Transformation des Narzißmus, die er folgendermaßen beschreibt: »Eine Neuverteilung der narzißtischen Libido des Patienten und Integration primitiver psychologischer Strukturen in seine reife Persönlichkeit.« Aber eine Neuverteilung ist keine Transformation.

Ich bin der Meinung, daß bei Kohut einige Verwirrung herrscht. Obwohl er seine eigene Theorie Heinz Hartmanns Ich-Psychologie gegenüberstellt, hat er seine Psychologie des Selbst auf Hartmanns Libido-Theorie aufgebaut. Was ist zum Beispiel unter narzißtischer Libido zu verstehen? In Kohuts

Konstruktion hat sie keine subjektive Quelle. Daher wird sie zu etwas, das neu verteilt werden muß. Kohut gründet noch auf Hartmanns Triebtheorie. Würde man anfangen, all das aufzudecken, so landete man garantiert in einem großen Durcheinander.

Ein anderer Punkt: Definiert man Reife so, wie Kohut das tut, dann bleiben extreme Lebenssituationen unberücksichtigt, in denen einer Person Lob und Trost entzogen sind. Seine Definition ist unzureichend und rechnet nicht mit heldenhaftem Handeln.

Der Mechanismus der Internalisierung

Kohut sagt, seelische Gesundheit komme durch die Internalisierung empathischer Selbst-Objekte zustande. Wie und durch was für eine Handlung geschieht das? Kohut meint, wenn uns gemäße Selbst-Objekte fehlen, finde keine Internalisierung statt. Warum findet dann keine Internalisierung statt, und wer entscheidet darüber? Wenn es instinktiv geschieht, welcher Instinkt, welcher Trieb ist dafür verantwortlich? Handelt es sich um einen Instinkt, der automatisch das Gute wählt und das Böse ablehnt? Kohut hat keine geeignete Theorie, um diese Internalisierung zu erklären. Er räumt den ausschlaggebenden inneren Faktoren keinen Platz ein. Seine Aussage ist: Die Psychopathologie einer Person ist darauf zurückzuführen, daß die Selbst-Objekte nicht mit ihr in Einklang stehen, damit liegt alles Schlechte außen bei den Objekten, und wir haben eine Theorie mit einer paranoiden Basis.

Die Ebene der Internalisierung des Selbst-Objektes

Kohut stellt fest, das Scheitern dieser Internalisierung führe zu einer inneren Leere. Die Internalisierung empathischer Selbst-Objekte im späteren Leben – in der Therapie zum Beispiel – bilde daher für die Persönlichkeit eine sichere Grundlage. Doch Kohuts Theorie verlangt, daß wir, um ein geschlossenes Selbst zu bewahren, von spiegelnden und idealisierenden

Selbst-Objekten umgeben sein müssen. Seine Arbeiten lassen keinen Zweifel, daß er damit nicht einfach die innere Besetzung guter Objekte meint, sondern daß das Selbst diese inneren Spiegelungen und idealisierenden Verbindungen braucht. Sie zu brauchen heißt, daß die innere Besetzung nicht stark ist.

Nach meiner klinischen Erfahrung braucht eine Person solche äußeren Spiegelungen, Idealisierungen und Ermutigungen dann, wenn sie schlechte Erfahrungen gemacht hat oder, um mit Fairbairn zu sprechen, böse Objekte in sich trägt. Wider Willen komme ich zu dem Schluß, daß Kohut sich dessen nicht bewußt zu sein scheint, denn er definiert Narzißmus ohne diese innere negative Kritik. Ich glaube, daß das einer der Gründe ist, weshalb in der neueren Literatur zwischen negativem und positivem Narzißmus unterschieden wird. Wie ich oben bereits sagte, glaube ich nicht, daß beide jemals getrennt voneinander existieren.

Die Bedeutung von Narzißmus

Kohut definiert Narzißmus als einen Zustand, in dem jemand das Objekt liebt, mit ihm verschmilzt und es idealisiert. Durch eine Neuverteilung der Libido wenden wir uns statt unserem eigenen archaischen Selbst Idealen und Werten zu. Er berücksichtigt nicht, daß diese Theorie auf ein Individuum zugeschnitten ist, das vor einer bösen inneren Negativität in idealisierte äußere Objekte flieht. Ich habe gezeigt, wie Anna ihren Geliebten zu ihrem idealen Objekt macht und dann in einen Zustand von Haß und Rachsucht gerät, als diese Idealisierung zusammenbricht. Als Wronskij in ihren Augen an Glanz zu verlieren beginnt, ist sie auf sich selbst, die innere Mörderin, zurückgeworfen.

Gibt es irgendeinen Anhaltspunkt, daß Kohut selbst ein idealisiertes äußeres Objekt brauchte? In einem Aufsatz mit dem Titel »Reminiscences« schreibt der Psychoanalytiker William Gillespie (1990):

> Bei den zentralen Vorstandssitzungen führten Heinz Kohut und ich oft freundschaftliche Gespräche; er unterhielt sich gern auf deutsch. Er schickte mir ein Vorausexemplar seines Buches *The Analysis of the Self*, das ich mit großem Interesse las – ich meine, das war, was Kuhn ein neues Paradigma nennen würde. Zwei Jahre später, beim Kongreß in Paris, leitete Kohut eine »Arbeitsgruppe« zu diesem Thema. Die Art und Weise, wie er dabei niemanden zu Wort kommen ließ außer sich selbst und seinen Hauptanhänger Ornstein, veranlaßte mich später, als er mich nach meiner Meinung fragte, zu einer kritischen Äußerung, die er zweifellos nicht erwartet hatte; damit war unsere Freundschaft beendet, offenbar hatte ich seinen Narzißmus zutiefst verletzt. [S. 18 f.]

Es wäre ungerecht, aus einem solchen Zeugnis allzuviel abzuleiten, aber dieses Ereignis könnte darauf hindeuten, daß, so wie Gillespie den Fall darstellt, ein unerträglich böses, kritisches inneres Objekt vorhanden ist, das unterdrückt werden muß. Ich erwähne das, um zu zeigen, daß eine derart phänomenologische Beschreibung von Narzißmus ein entscheidendes Moment außer acht läßt, nämlich das streng kritische innere Objekt, das immer mit dem Narzißmus einhergeht.

Korrigierende emotionale Erfahrung

Kohut meint, der Therapeut liefere die emotionale Erfahrung, die die mangelnde Anpassung des Selbst-Objektes in der Kindheit ausgleichen oder korrigieren könne. Meiner Ansicht nach ist es dagegen die innere Handlung des Patienten, die diese Erfahrung korrigiert. Die Aufgabe des Therapeuten besteht darin, die Strömungen der Innenwelt zu verstehen und zu erhellen, damit der Patient im Licht dieser Erfahrung dann seine eigene Erfahrung durch innere seelische Aktivität korrigiert. Freud sagte einmal, der Analytiker sei nur für die Analyse der synthetischen Funktion zuständig, für die Funktion selbst, bei der Teile integriert werden, habe der Patient zu sorgen. In »Wege der psychoanalytischen Therapie« (1919a [1918]) sagt er:

> Der neurotisch Kranke bringt uns ein zerrissenes, durch Widerstände zerklüftetes Seelenleben entgegen, und während wir daran analysieren, die Widerstände beseitigen, wächst dieses Seelenleben zusammen, fügt die große Einheit, die wir sein Ich heißen, sich alle die Triebregungen ein, die bisher von ihm abgespalten und abseits gebunden waren. So vollzieht sich bei dem analytisch Behandelten die Psychosynthese ohne unser Eingreifen, automatisch und unausweichlich. [S. 243]

Rückblick auf die obenerwähnten Theorien

Die von mir erwähnten Theorien lassen sich grob in Trauma-Theorien und Phobie-Theorien einteilen. Fairbairn, Winnicott, Tustin und Kohut entwickelten Trauma-Theorien. Melanie Klein und ihre Anhänger entwickelten Phobie-Theorien. In den Trauma-Theorien sind es reale äußere Ereignisse, die eine narzißtische Situation verursachen. In den Phobie-Theorien flieht das Kind vor unerträglicher Angst nach innen, indem es die Angstsituation auf ein externes Objekt projiziert und dann vor diesem flieht. Zwischen den Anhängern dieser beiden Theorierichtungen besteht heftige Animosität, als ob schon diese Einteilung größte Angst hervorriefe.

Die von mir so genannten Phobie-Theorien werden fast ausschließlich von Kleinianischen Klinikern vertreten. Bei den Kleinianern steht die große Angst im Inneren der Persönlichkeit im Mittelpunkt. Die Angst ist eine Angst vor Vernichtung, die ihre Quelle im inneren Todestrieb hat. Das Subjekt besitzt die Fähigkeit, die Angst beiseite zu schieben und sie in äußere Objekte zu verlagern. Äußere Objekte sind gewöhnlich Menschen der Umgebung, doch kann die Angst in schwereren Fällen geistiger Störung auch in physische Gegenstände verlegt werden. So glaubte beispielsweise eine ältere Frau, die bei mir in Behandlung war, in ihrer Schuhsohle sei eine Wanze installiert, die ihre Gespräche abhöre, und ein Mann meinte, er werde von seinem Telefon überwacht. In einer solchen Situation fühlt sich die Person von Dingen ihrer Umgebung verfolgt und geplagt. Die Kleinianischen Deutungen konzentrieren sich auf die verschiedenen Teile des Selbst, und bei der sprachlichen Verständigung betrachtet der Analytiker die Gestalten der äußeren Umgebung als Symbole für Handlungen dieser verschiedenen Teile des Selbst. Wenn ein Patient darüber klagt, seine Mutter behandle ihn grausam, würde er demnach so verstanden werden, als spreche er über den Teil seiner Persönlichkeit, der sein Ich quält, und zugleich über die Art und Weise, wie er unbewußt die Gestalten seiner vertrauten Umgebung behandelt. Ein Kliniker, der von der Trauma-Theorie ausgeht, würde annehmen, der Mann berichte, wie seine Mutter ihn wirklich behandelt hat, und würde sich in ihn einfühlen. Der Mann empfände diese Empathie als eine Solidarität gegen die Mutter und würde dadurch gestärkt werden. Der Kliniker der Trauma-Theorie hält die Äußerungen des Patienten über seine Mutter nicht für symbolisch, sondern für wirklich. Daher findet der Patient eine Gestalt, die tröstend wirkt.

Ich glaube, in beiden Theoriebildungen klafft eine Lücke. Hinsichtlich der Trauma-Theorien würde ich sagen, es gibt auf die Traumata unseres Lebens selbst in der frühen Kindheit eine intentionale Reaktion, und die narzißtische Reaktion besteht darin, daß wir uns abwenden und eben diese spezielle Option ausbilden. Was ist an den Phobie-Theorien verkehrt? Folgt man meiner Formulierung, dann wird auf dieser tiefen Ebene eine Wahl getroffen, und der *Lebensspender* ist ein inneres und äußeres Objekt. Die Ursache für die Angst liegt nicht in dem, was Melanie Klein beschreibt. Die bösen inneren Objekte sind aufgrund dieser fundamentalen Verweigerung ausgebildet worden, nicht weil im Inneren ein Todestrieb vorhanden ist.

Zehntes Kapitel

Die Auswirkungen des Narzißmus auf den Charakter

Ich habe mehrfach gesagt, daß ich es für einen Fehler halte, Narzißmus in eine positive und eine negative Form aufzuspalten; meiner Erfahrung nach bilden beide Formen eine einzige Entität. Kit Bollas unterscheidet in seinem Buch *Forces of Destiny* (1989) diese beiden Kategorien von Narzißmus, doch was er als Anti-Narzißmus bezeichnet, ist meiner Ansicht nach der verborgene Teil des Narzißmus:

> Der Anti-Narzißt stellt sich seinem Schicksal entgegen. Mich interessiert besonders, wie er sein wahres Selbst verwirft und es dabei ablehnt, bei seiner sprachlichen Artikulation Objekte zu verwenden. Denn indem diese anti-elaborierte Person ihr Schicksal negiert, kocht sie »im eigenen Saft« und weigert sich hartnäckig, sich selbst zu hegen und zu pflegen. Es kann sogar sein, daß sie gerade deshalb zum Analytiker kommt, um die Ziele der Analyse zu vereiteln. [S. 159]

Oberflächlich scheint es, als ob die Person eine gesunde Selbstliebe besitze, doch entdeckt Bollas, daß sich da ein Feind eingeschlichen hat – ein überschüssiger Kolumnist, der dem harmonischen Umgang ein Ende setzt. Bollas schreibt:

> Giovanni rief bei mir gerade diesen Eindruck eines gemeinsamen Schicksals hervor, wozu auch ein gegenseitiger Objektgebrauch gehört, um ihn dann wieder zu zerstören. [S. 160]

Über seine Mutter äußerte Giovanni im Gespräch mit Bollas: »Ich war ihr Liebling, sie glaubte, ich könnte nichts Unrechtes tun.« Daß er die Liebe, die seine Mutter ihm entgegenbrachte, so ausdrückt, symbolisiert seine Liebe zu sich selbst. Bollas aber sagt, Giovanni habe diese Liebe als eine Zurückweisung erfahren, weil sie den Teil seines Selbst ablehnte, der gegen meinen »Eindruck eines gemeinsamen Schicksals« gerichtet war. Der Teil seines Selbst, der gegen Wechselseitigkeit, Harmonie, menschlichen Verkehr gerichtet war, sei zurückgewiesen worden. Was hier zurückgewiesen wird, ist der zornige, eifersüchtige kleine Ödipus, der versucht, das Zusammensein der Eltern zu stören. Die mütterliche Liebe war demnach eine Falle. Eine solche Liebe verbreitet Tod, denn sie akzeptiert nicht dieses zerstörerische kleine Kind.

Ich habe die Erfahrung gemacht, daß eine idealisierte Selbstliebe innerlich immer von einer solchen Liebe begleitet wird, die ein fruchtbares Zusammensein untergräbt, und ich würde sagen, daß sie sich sekundär aus der Zurückweisung des *Lebensspenders* ergibt. Elterliche Gemeinsamkeit, ihre Begegnung, ihr Verkehr ist die Quelle des Lebens und der Möglichkeiten, und das ist es, was hier verweigert wird. Dem Analytiker oder Therapeuten schlägt eben diese Verweigerung entgegen. Der innere Aggressor ist gewöhnlich so unerträglich, daß er nach außen projiziert wird, wobei er in seiner äußerlichen Form als »Angstobjekt« erlebt wird. Das ist nicht immer deutlich zu erkennen, weil die Person sich der Welt gegenüber recht sanftmütig verhalten kann, aber es wird immer eine von ihr gehaßte Person, eine gehaßte Personengruppe oder eine gehaßte Ideologie geben. Dieser innere Zerstörer schadet dem Talent der Person. Bollas sagt:

> Auf merkwürdige Weise beneidet der Anti-Narzißt seine eigenen Fähigkeiten. Er haßt sein Talent, weil gerade dieser Faktor ihm die wahre Abhängigkeit von der Mutter vorenthält. [S. 167]

Bollas zeichnet den Weg seiner Entdeckungen sehr klar auf, und ich stimme mit allem überein, was er über jenen Teil der Persönlichkeit sagt, der gegen die besten Eigenschaften der

Person gerichtet ist. Ich weiß auch, wie überraschend das für ihn war. Ich glaube jedoch, daß er unrecht hat, das Anti-Narzißmus zu nennen – im Narzißmus gibt es Idealisiertes und Verunglimpftes, und diese beiden werden zusammengehalten – die Ablehnung des *Lebensspenders* ist eine Wahl, mit der zugleich eine übertriebene Wahl des Selbst einhergeht.

Bereiche des Handelns

Ich habe durchgängig zwischen motorischer Aktivität und emotionaler Aktivität – was häufig auch als Handeln in der Phantasie bezeichnet wird – unterschieden. Unglücklicherweise denkt man beim Wort »Phantasie« fast immer, es gehe um etwas Unwirkliches, doch Handeln in der Phantasie ist wirkliche psychische Aktivität. Das Handeln beeinflußt die geistigen und emotionalen Prozesse im Handelnden und es beeinflußt auch dieselben Prozesse in den Köpfen derjenigen, die mit der Person in engen Kontakt kommen.

Diese Unterscheidung zwischen motorischem Handeln und psychischem Handeln ist nicht ganz korrekt. Uns geht es nicht um motorisches Handeln als solches, sondern um die Quellen dieses Handelns, mit anderen Worten darum, was das Handeln motiviert. Die Unterscheidung, die hier getroffen wird, liegt zwischen zwei Polen: Auf der einen Seite bin ich die Quelle meiner eigenen Handlung, das heißt, ich habe eine schöpferische Fähigkeit, die meiner eigenen Handlungsquelle entspringt; auf der anderen Seite steht mir eine innere Gestalt gegenüber, die als Handlungsquelle fungiert.

Ich will diese Handlungsquellen kurz die »autonome Quelle« und die »disharmonische Quelle« nennen. Die autonome Quelle zeigt an, inwiefern für den *Lebensspender* optiert worden ist, die disharmonische Quelle spielt dann eine Rolle, wenn der *Lebensspender* verworfen worden ist.

Handlung kann also eine autonome oder eine disharmonische Quelle haben, obwohl die Quelle weder rein autonom noch rein disharmonisch ist. Eine aus einer autonomen Quelle gespeiste Handlung ist in dem Sinne schöpferisch, wie Graham Greene Herbert Read als schöpferisch geschildert hat. Die bei weitem wichtigste Quelle der Kreativität ist die soziale Umgebung; das eigentlich künstlerische Schaffen ist ein schwacher Reflex davon. Handlung, die aus einer disharmonischen Quelle entspringt, erstickt die Kreativität. Sie ist im wesentlichen negativ. Eine solche Handlung kontrolliert die geistigen Abläufe – Wahrnehmung, Erkenntnis, Erinnerungs- und Urteilsfähigkeit und Imagination – und sie kontrolliert auch die geistigen und emotionalen Abläufe derer, die der Person nahestehen. Wenn zwei solche Menschen miteinander verheiratet sind, machen sie sich gegenseitig die Hölle heiß, weil jeder die geistigen Fähigkeiten des anderen erstickt.

Unter motorischer Handlung verstehen wir eine Handlung, die an sich betrachtet wird, losgelöst von ihrer Quelle, eine Handlung, die eine logische, keine reale Möglichkeit darstellt. Die Wirkung einer Handlung ist von ihrer Quelle abhängig. Manchmal kann eine recht kleine Handlung beträchtliche Auswirkungen haben. Eine Aktivität, die aus einer disharmonischen Quelle gespeist ist, wird häufig verleugnet. »Ich habe nur meinen Regenschirm aufgemacht«, sagte der Mann, der die Frau damit am Auge traf. »Nur« ist das verräterischste Wort. Achten sie einmal darauf, wie oft Sie das hören. »Nur« soll heißen, die Handlung hatte keine Quelle. Es gibt immer eine Quelle. Der Patient schlägt beim Verlassen des Sprechzimmers die Tür zu und sagt in der nächsten Sitzung: »Ich wollte nur sicherstellen, daß sie zu ist.« Der psychiatrische Begriff für eine solche, von ihrer Quelle innerlich losgelöste Handlung ist »Konkretheit«. Wenn man von seiner Quelle abgeschnitten ist, kann man sie nicht kennen. Wir erinnern uns, der Narzißt darf nicht wissen; er wird lange leben, doch nur, solange er sich selbst nicht kennt. Losgelöstsein ist das Entscheidende.

Ich habe durchgängig versucht zu zeigen, daß Handlungen in der Psyche unterhalb der Bewußtseinsschwelle stattfinden. Die disharmonische Quelle trennt die motorische Aktivität von ihrer Quelle. Wer von einer disharmonischen Quelle aus handelt, hat den Vorteil, daß er sich über diese Quelle nicht klar zu werden braucht. Er muß den Verräter, den er bei sich beherbergt, nicht kennen. Gleichzeitig leidet er aber an den Wirkungen der disharmonischen Quelle. Seine Bewußtseinsprozesse werden ständig von der Handlungsquelle gestört und von ihr abgeschnitten, so daß er immer ihr Opfer ist.

Und noch ein weiteres Prinzip gilt es zu bedenken. Wenn eine Handlung von der disharmonischen Quelle gespeist wird, dann ist auch die übrige Persönlichkeit von der autonomen Quelle abgeschnitten. Wenn die Persönlichkeit ein Opfer der disharmonischen Quelle ist, dann fühlt sich das Subjekt als Opfer äußerer Druckmechanismen. Ein Beispiel soll das verdeutlichen.

Der Mann mit dem Blumenkohl

Ich hatte einmal einen Mann in Behandlung, der häufig, wenn die Sitzung schon zu Ende war, noch sprach, und ich neigte gewöhnlich dazu, ihn noch etwas reden zu lassen. Einmal unterbrach ich ihn jedoch und sagte, die Sitzung sei zu Ende. Das schien ihm nichts weiter auszumachen, aber am nächsten Tag kam er eine Viertelstunde zu spät. Beim Eintreten erklärte er, wie das passiert war. Seine Frau hatte ihn gebeten, auf dem Weg einen Blumenkohl zu kaufen, also war er brav zum Gemüseladen gegangen, doch es stellte sich heraus, daß der Gemüsemann keinen schönen Blumenkohl hatte. Also ging er in einen anderen Laden, wo er schließlich den Blumenkohl kaufte. Doch dieser Laden lag nicht auf seinem Weg. Dann erzählte er mir, er habe den Blumenkohl eigentlich nicht mehr vor der Sitzung kaufen wollen, weil er merkte, er würde sich verspäten, aber er sah das Gemüsegeschäft vom Wagenfenster aus und traf blitzartig die Entscheidung, dort zu halten und den Kohl zu kaufen. Etwas war in ihn gefahren.

Ich dachte, er spreche vielleicht über den plötzlichen Richtungswechsel in der Sitzung am Tag zuvor, als ich ihm zu verstehen gegeben hatte, er müsse »anhalten«. Ich sagte zu ihm: »Als ich Sie am Ende der gestrigen Sitzung anhielt, haben Sie innerlich blitzartig die Entscheidung getroffen, den Symington auszusperren, und der Anti-Symington war mit der Bitte Ihrer Frau, auf dem Weg zur Sitzung einen Blumenkohl zu kaufen, nur allzu einverstanden und freute sich noch mehr, als der erste Gemüseladen dafür nicht geeignet war und Sie zwang, den Symington noch mehr zu brüskieren.« (Ich möchte erwähnen, daß von Gehorsamkeit gegenüber seiner Frau vorher nicht die Rede war.)

Er antwortete darauf: »Als Sie gestern die Sitzung beendeten, dachte ich mir: ›Mein Gott, sind Sie unbarmherzig‹, dann hatte ich ein Gefühl der Hoffnungslosigkeit.«

Die Art, wie er die Deutung bestätigte, war aufschlußreich. Er erinnerte sich plötzlich, gedacht zu haben: »Mein Gott, sind Sie unbarmherzig«, und in diesem Denken lag eine Handlung – er schnitt sich selbst von der Situation ab. Tatsächlich hatte ich ihn abgeschnitten, indem ich gesagt hatte: »Wir müssen dieses Gespräch hier beenden.« Frustriert und verletzt, war seine Reaktion, sich innerlich auch abzuschneiden – ein viel schlimmeres Abschneiden. Als er sich innerlich abschnitt, tötete er etwas in sich. Wie ich im Zusammenhang mit der Erotisierung des Selbst ausgeführt habe, erzeugt psychisches Töten Erregung und verleiht motivierende Energie, aber die autonome Quelle hat das Gefühl der Hoffnungslosigkeit.

Ich machte ihn darauf aufmerksam, daß er sich hoffnungslos fühlte, weil er »Mein Gott, sind Sie unbarmherzig« nicht zu *mir* gesagt hatte. Hätte er das getan, dann würde ich *gewußt* haben, wie er sich fühlte; ich wäre auf seiner Seite gewesen. Ich hätte mich auf ihn eingestellt. Statt dessen mußte ich diese Deutung, diese verstandesmäßige Rekonstruktion herstellen, weil keine Gefühle da waren – sie waren abgeschnitten. Es wäre ganz anders gewesen, wenn er in der nächsten Stunde gekommen wäre und gesagt hätte: »Ich komme zu spät, weil Sie, verdammt noch mal, die Sitzung gestern auf diese Weise beendet haben«, denn dann hätte er sich mit sich selbst und mit mir darüber verständigt. Therapeutisch kann es ein Problem sein, wenn sich herausstellt, daß der Patient die ganze Sache konstruiert hat. Ich hatte schon Patienten, die dazu nicht nur eine Person, sondern eine ganze Organisation aufgeboten haben. Ihre Geschichte klingt konkret, und doch wird man den Eindruck nicht los, daß die äußere Umgebung um bestimmter Ereignisse willen manipuliert wird. Die Person befindet sich eigentlich in der Rolle des Opfers.

Hätte ich mich auf den äußeren Eindruck verlassen, so hätte ich auf die Frage eines Freundes: »Hat es XY etwas ausgemacht, daß du ihn mitten im Reden unterbrochen hast?« geantwortet: »Nein, er machte einen ganz zufriedenen Eindruck. Es schien ihm nichts auszumachen.« Er hatte sich also von der autonomen Quelle in sich abgeschnitten. Doch die disharmonische Quelle kann nicht zugegeben werden, weil sie so grausam ist. Es gibt verschiedene Weisen, mit seelischen Dingen, die unerträglich sind, umzugehen. Und in diesem Fall war das Unerträgliche der Frau zugefallen: Sie bat um etwas, das nicht mit dem Wunsch der autonomen Quelle, rechtzeitig zur Sitzung zu kommen, in Einklang stand. Hätte er mir gesagt, was er fühlte, so wäre das von seiner autonomen Quelle ausgegangen, dann wäre es ihm auch möglich gewesen, auf die Bitte seiner Frau zu antworten: »Gut, ich werde ihn auf dem Heimweg holen.« Seine disharmonische Quelle schnitt ihn jedoch ab und gab ihm die Worte ein: »Mein Gott, sind Sie unbarmherzig.« Er kappte den lebensspendenden Kontakt zu sich selbst, und damit hörten seine Gefühle sofort auf, seinen inneren Zustand zu registrieren. An die Stelle von wahren Gefühlen traten falsche Gefühle. Der Mann war seinen Gefühlen und seinem Wissen entfremdet. Wir sehen auch, daß er diesen Mörder auf seine Frau projizierte, die die Anti-Symington-Kampagne in Gang gesetzt hatte – obwohl es natürlich keine Anti-Symington-Kampagne, sondern eine Anti-Selbst-Kampagne war. Was sich hier ereignete, war der Beginn eines pathologischen Zustandes.

Ich möchte die kühne Behauptung wagen, daß dieser Weg, der als Reaktion auf Schmerz eingeschlagen wird, die Quelle aller seelischen Störungen ist. Der Patient war verletzt, als ich die Sitzung in der beschriebenen Weise beendete. Seine *»amour propre«*, seine Eigenliebe, sein erotisiertes Selbst wurde gekränkt. Wenn ein solcher Prozeß einmal in Gang kommt, attackiert die disharmonische Quelle die mentalen Prozesse: Wahrnehmung, Erinnerung, Imagination, Denken, Urteil, Gewissen, Emotionen und Gefühle. Von diesen eigenen inneren Prozessen abgeschnitten, gelangte der Patient zu einer falschen Wahrnehmung, weshalb er zu spät kam.

Was für Handlungen kann die disharmonische Quelle in Gang setzen? Sie lähmt die autonome Quelle; sie trennt die Gefühle von ihrem wahren Ort und verbindet sie mit ihrem genauen Gegenteil; sie verfälscht das Urteil; sie spaltet den Intellekt von den Gefühlen ab und macht die Vernunft zum Sklaven der disharmonischen Quelle, ein Prozeß, den man Rationalisierung nennt; sie verlegt eine psychische Konstellation innerhalb des Bewußtseins in eine Gestalt außerhalb und läßt so das Bewußtsein verarmen; sie läßt ein äußeres Objekt in die innere Konstellation einbrechen (die Frau des Patienten wird zu einer autoritären Gottheit). Daran sehen Sie, wie bösartig der ursprüngliche Akt ist, als er fühlt: »Mein Gott, sind Sie unbarmherzig«, er das aber nicht ausspricht.

Die weiteren Konsequenzen dieser Prozesse auszuführen hieße nicht weniger, als ein detailliertes psychiatrisches Lehrbuch zu schreiben. Ich kann Ihnen hier nur einen Eindruck vermitteln, welch weitreichende psychiatrische Konditionen sich aus Tätigkeiten der disharmonischen Quelle ergeben – Handlungsmuster, die aus Frustration und Schmerz in Gang kommen und die disharmonische Quelle in Kraft setzen, deren Basis das grandiose Selbst ist. Sobald ich grandios bin, kann ich wie Jesus dem Sturm gebieten. Ich kann alles. Die grandiose Gestalt hat alle Macht eines Gottes.

Der geistige Schaden, den die disharmonische Quelle anrichtet

Mit der Wahrnehmung beginnend, möchte ich nun den geistigen Schaden skizzieren, den die disharmonische Quelle anrichtet. Nehmen wir an, ich glaube, meine Mutter sei mir gegenüber sehr eifersüchtig und besitzergreifend, so daß ich das Gefühl habe, sie habe mich schon seit meiner frühesten Kindheit nicht leiden können. Ich meine vielleicht, sie wolle nicht, daß ich mich zu einem blühenden, schöpferischen Erwachsenen entwickle. Ich halte das für den Grund meines gegenwärtigen Unglücks. Das ist eine paranoide Auffassung, nicht, weil meine Mutter nicht eifersüchtig und besitzergreifend ist – vielleicht ist sie es ja –, und nicht, weil sie nicht will, daß ich mich zu einem blühenden, schöpferischen Erwachsenen entwickle – vielleicht will sie das ja. Es ist paranoid, weil ich mich ihren Wünschen gefügt, ihnen zugestimmt habe. Diese Fügsamkeit, eine Zurückweisung des *Lebensspenders*, ist der innere Akt, der meine Wahrnehmung verfälscht. Es ist eine falsche Wahrnehmung meines inneren Verhältnisses zum anderen Objekt. Ich habe in mir keinen Gegenpart.

Auf einem Flug nach Australien saß ich einmal neben einer Engländerin mittleren Alters. Sie hatte sieben Kinder und erzählte mir von jedem einzelnen; die Reise war lang, so hatte sie Zeit. Sie kam zum letzten, nennen wir ihn Johnny, und sie sagte: »Doch als dann Johnny kam, behielt ich ihn bei mir, er sollte sich um seine Mutter kümmern.« Also blieb Johnny zu Hause. Er war damals 33 Jahre alt. Alle anderen hatte sie gehen lassen, nur Johnny nicht. Von Johnnys Standpunkt aus gesehen war das Problem, daß er dem zugestimmt hatte. Das machte die Sache paranoid. Mein Patient hätte dem Blumenkohlkauf nicht zustimmen müssen. Und nicht nur das. Ich bin sicher, Johnny ist der Wahrnehmung seiner Mutter, er müsse sich um sie kümmern, selbst entgegengekommen. Wäre Johnny auf andere Weise psychologisch aktiv gewesen, hätte das bei der Mutter eine andere Reaktion erzeugt.

Ich möchte jetzt wieder auf den Mann mit dem Blumenkohl zurückkommen. Als ich ihm die Deutung gab, stimmte er ihr zu, indem er sagte, er habe tatsächlich gedacht: »Mein Gott, sind Sie unbarmherzig.« Im weiteren Verlauf des Gesprächs erzählte er mir, kurz zuvor sei ihm dieser Gedanke nicht einmal bewußt gewesen. Er schloß daraus, daß er Fortschritte gemacht habe. Er war imstande, sich seines Denkens und Handelns bewußt zu sein und das mir gegenüber auch einzugestehen. Das war ein Schritt vorwärts, denn dem narzißtisch Disponierten geht es ganz gegen den Strich, anerkennen zu müssen, daß jemand ihn beeinflußt hat.

Zweifellos hatte dieser Gedanke schon vorher bei ihm bestanden, dafür sprachen auch andere mentale Phänomene. Er konnte beispielsweise den Inhalt einer Freitagssitzung bis zum nächsten Montag völlig vergessen haben. Er konnte Kenntnisse von einer Sphäre nicht auf eine andere Sphäre übertragen (was die Psychologen »Trainingstransfer« nennen). Es war ihm »verboten«, über bestimmte Dinge nachzudenken. Sein seelisches Leben wies Anzeichen beständiger Verwüstung auf, besonders wenn eine Urlaubsunterbrechung dazwischen lag. Es war deutlich, daß die Verwüstungen mit seiner Interaktion mit mir zusammenhingen – seine inneren Handlungen eine Reaktion auf meine Zurückweisungen waren. Eine Sitzung zu beenden oder Urlaub zu machen, ist immer eine Zurückweisung; der Therapeut wendet sich jemand anderem zu – einem Patienten, der Gattin, einem Kind, einem Freund.

Es war wirklich ein Fortschritt, als er sich seines Handelns und seiner eigenen Rolle dabei bewußt wurde. Ich betrachtete das als einen Erfolg der vorangegangenen Analyse und kam zu dem Schluß, darin ein Anzeichen zu sehen, daß die Verleugnung weniger stark war. Sie werden das vielleicht bezweifeln. Ich stützte meinen Schluß auf den Grundsatz, ein Individuum kann sich nur dann einer für das Seelenleben zerstörerischen Handlung bewußt werden, wenn diese Handlung nicht allzu schwerwiegend ist. Ein Akt, über den man nachdenken kann, ist weniger schwerwiegend als einer, über den man nicht nachdenken kann. Wenn ich zum Beispiel sehr eifersüchtig bin, kann ich mir dessen nicht bewußt werden. Ich halte diesen Grundsatz für enorm wichtig, doch um ihn zu beweisen, bedürfte es erheblicher, weitreichender Untersuchungen; hier möchte ich nur festhalten, daß innere Handlungen in ihrer Intensität variieren können. Bei diesem Mann hatte die Grausamkeit seiner inneren Handlung nachgelassen, und ich glaube, daß das einer Zunahme der inneren schöpferischen Handlung zuzuschreiben ist. (Ich muß sagen, daß ich, besonders in der frühen Behandlungsphase, der Grausamkeit mit einer Entschlossenheit begegnete, die, wie ich glaube, nicht minder stark war.) Nur wenn die innere schöpferische Aktivität aufblüht, kann die Person sozusagen den Schatten des anderen sehen. Solange etwas ungeheuer beherrschend ist, kann man es nicht sehen. Erst wenn ein Licht leuchtet, sieht man die Schatten.

Ein Sprichwort sagt: Aus Quantität wird Qualität. Wenn jemand von Ihnen zu mir etwas Verletzendes sagt und ich antworte: »Donnerwetter, sind Sie grausam«, so ist das ganz etwas anderes, als wenn ich aufspränge, brüllte, alle Fensterscheiben einschlüge und das Haus in Brand steckte. Ähnlich ist es mit dem besagten Mann; wenn er denkt: »Mein Gott, sind Sie unbarmherzig«, so ist das etwas qualitativ anderes, als wenn er seine Fähigkeit, zu denken, zu urteilen und sich zu erinnern, zerstört. Dabei wäre die Zerstörung seines Bewußtseins weit schlimmer als mein Scheibeneinschlagen und Brandlegen, nur ist jenes nicht so sichtbar und kann folglich unentdeckt bleiben.

All das soll Ihnen veranschaulichen, wie ernst die Pathologie des Mannes mit dem Blumenkohl zu nehmen war: Seine Gefühle waren von seinem Intellekt abgeschnitten, das Wissen um sein eigenes Handeln war ausgelöscht, er hatte einen Teil seiner Funktion auf seine Frau übertragen, und die Kraft seines eigenen, schöpferischen, autonomen Handelns war stark reduziert. Aber sein Geisteszustand war zuvor noch weit schlechter gewesen. Wird eine solche Situation noch um einiges verstärkt, dann haben wir die Bedingungen für Schizophrenie. Man stelle sich vor, der Mann hätte jenen Teil von sich auf Gott statt auf seine Frau übertragen und wäre, statt seiner Frau zu gehorchen, die ihm auftrug, den Blumenkohl zu kaufen, einer Weisung Gottes gefolgt, etwas Bestimmtes auszuführen. Er hätte nicht nur seinen Intellekt von seinen Gefühlen abgetrennt, sondern seine Gefühle und seine Urteilsfähigkeit in tausend Stücke geschlagen. Dann hätten wir jemanden vor uns, der Stimmen hört, dessen Rede fließt, ohne daß er denkt, der von seinen affektiven Zuständen dissoziiert ist und der den Teil von sich, der kollaboriert hat (im Falle des Mannes mit dem Blumenkohl der Teil, der mit mir kollaborierte), in einen anderen Teil seines Bewußtseins oder seines Körpers verweist. Das sind nicht nur die Bedingungen für Schizophrenie, sondern ein ganzes Treibhaus psychosomatischer Voraussetzungen.

Wie gesagt, lassen sich die beschriebenen Bedingungen nach den skizzierten Richtlinien fast alle in einem Lehrbuch für Psychiatrie nachlesen. Aus diesem Grunde meine ich, daß Narzißmus, so wie ich ihn beschrieben habe, den meisten geistigen Störungen zugrunde liegt.

Narzißmus – ein neuer Zugang

Ich habe hier meine Überlegungen zum Thema Narzißmus mitgeteilt, doch stellt das keineswegs eine definitive Aussage dar. Dies ist ein Anfang, ein erstes Tasten nach Lösungen. An jedem Punkt tauchen neue Fragen auf. Ich teile eine Feststellung des deutschen Theologen Karl Rahner (1963), der sagte, wenn eine Frage alle akzeptierten Ansichten über einen Gegenstand ins Wanken bringe, wenn diese Frage Leuten angst mache und sie dazu veranlasse, alte Positionen leidenschaftlich zu verteidigen, dann sei die richtige Frage gestellt worden. In einem Punkt bin ich mir sicher: Die gängigen Theorien über Narzißmus stimmen nicht; sie bewegen sich auf alten Bahnen. Ich glaube, wir müssen die Dinge von Grund auf neu überlegen und bereit sein, einige vorgefaßte Meinungen fallenzulassen. Ich hoffe, Sie werden das, was ich vorgetragen habe, nicht akzeptieren, ohne weiter darüber nachzudenken, aber ich hoffe auch, Sie werden meine Ideen nicht deshalb verwerfen, weil sie mit anderen Theorien nicht übereinstimmen.

Ich halte die Frage des Narzißmus für entscheidend. Jeder von uns hat persönliche Probleme, die er lösen muß. Ich glaube, wenn wir etwas von den Prozessen verstehen, die die Probleme in uns bestimmen, dann sind wir besser in der Lage, zu schöpferischen Architekten unseres eigenen Lebens zu werden, in unserer Gesellschaft für lohnendere Werte einzutreten und diese flüchtige Eigenschaft zu erhaschen, die man Glück nennt. Das kann der erste Schritt im Kampf gegen persönliche Entfremdung sein. Wie zahlreiche Sozialwissenschaftler gesagt haben, ist Entfremdung in all ihren Spielarten der Ursprung des modernen Unbehagens: Marx suchte die Entfremdung der Menschen von sich selbst durch ein politisches Manifest aufzuheben, und ich glaube, sein Lösungsversuch ist weitgehend gescheitert. Darwin suchte eine Lösung, indem er uns unsere stammesmäßigen Wurzeln wiedergab. Freuds Lösungsversuch bestand darin, uns mit unserem unbekannten Selbst in Verbindung zu bringen.

Daß Narzißmus uns von unserer eigenen schöpferischen Handlungsquelle abschneidet, ist gewiß. Daß wir die Aufgabe haben, unser eigenes Bewußtsein in Ordnung zu bringen, ist ebenso gewiß. Und nicht minder gewiß ist, daß wahres schöpferisches Handeln die Chance für eine neue gesellschaftliche Harmonie bieten kann. Unsere erste Aufgabe ist es, unser Potential an schöpferischem Handeln zu nutzen. Wenn wir das tun, dann werden die Symptome nachlassen und der pathologische Befund wird sich bessern. Wenn wir lernen, was zum gesunden Handeln führt, wird das die beste Waffe gegen Neurose, Psychose und pathologische Zustände sein. Die bisherigen Theorien und Auffassungen sind dabei kaum eine Hilfe. Ich habe in diesem Buch immer wieder betont, wie notwendig es ist, nach dem zu suchen, was *nicht* getan wird. Wenn wir erkennen, was verweigert worden ist, können wir auch erkennen, was geistige Gesundheit ausmacht.

Ich möchte mit einer Feststellung von Dr. Aziz in E. M. Forsters Roman *Auf der Suche nach Indien* (1924) schließen. Er ist im Gespräch mit Hamidullah, der zu ihm sagt:

> »Na schön. Dann wirst du eben auch weiterhin das Leben eines armen Mannes führen müssen, wirst dir noch keine Ferien in Kaschmir leisten können, wirst bei deinem Beruf bleiben müssen, bis du zu einem höher bezahlten Posten aufsteigst. Auf keinen Fall darfst du dich aber jetzt schon in einen Dschungelstaat zurückziehen und Gedichte schreiben. Laß deine Kinder was Rechtes lernen, lies die neuesten wissenschaftlichen Zeitschriften und nötige den europäischen Ärzten einige Achtung ab. Nimm die Folgen deiner Handlungsweise auf dich wie ein Mann.«
>
> »Wir sind hier nicht vor Gericht«, sagte Aziz augenzwinkernd. »Es gibt mehr als eine Möglichkeit, sich als Mann zu bewähren. Die meine ist der Versuch, auszudrücken, was auf dem Grund meines Herzens verborgen liegt.«
>
> »Auf eine solche Bemerkung gibt es natürlich keine Erwiderung«, sagte Hamidullah gerührt. [S. 323]

Die entscheidenden Worte sind hier: »Es gibt mehr als eine Möglichkeit, sich als Mann zu bewähren.« Das Innenleben einer Person ist nicht etwas Gegebenes, es ist ein Konstrukt. Mein Leben ist letztlich meine eigene Schöpfung; Narzißmus unterdrückt diese Schöpfung, läßt sie nicht zu, verhindert, daß Energie zur Verfügung steht, um sie zu ermöglichen. Die hier vorgestellte Theorie ist ein Versuch, das deutlich zu machen und eine begriffliche Grundlage dafür bereitzustellen. Sie ist ein Grundriß, der uns, wie ich hoffe, in die richtige Richtung weist.

Bibliographie

Abraham, Karl (1924), »Versuch einer Entwicklungsgeschichte der Libido auf Grund der Psychoanalyse seelischer Störungen«, in: *Psychoanalytische Studien,* Bd. 1 (Frankfurt: Fischer, 1971), S. 113–183

Augustinus, Aurelius (413–426), *Der Gottesstaat* (De civitate Dei) (Zürich: Artemis, 1978)

Bergson, Henri (1907), *L'évolution créatrice* (Paris, 1907);
deutsch: *Schöpferische Entwicklung* (Zürich: Coron, 1974)

Bettelheim, Bruno (1983), *Freud and Man's Soul* (London: Chatto & Windus, 1983);
deutsch: *Freud und die Seele des Menschen* (Düsseldorf: Claassen, 1984)

Bollas, Christopher (1989), *Forces of Destiny* (London: Free Association Books, 1989)

Eigen, M. (1981), »The Area of Faith in Winnicott, Lacan, and Bion«, *International Journal of Psycho-Analysis,* 62. Jg. (1981), S. 413–434

Fairbairn, W. R. D. (1940), »Schizoid Factors and Personality«, in: *Psychoanalytic Studies of the Personality* (London, Boston: Routledge & Kegan Paul, 1976), S. 3–27

Fairbairn, W. R. D. (1976), *Psychoanalytic Studies of the Personality* (London, Boston: Routledge & Kegan Paul, 1976)

Ferenczi, Sándor (1924), *Versuch einer Genitaltheorie,* in: *Schriften zur Psychoanalyse,* Bd. II (Frankfurt: Fischer TB, 1982), S. 317–400

Ferenczi, Sándor (1968), *Thalassa* (Repr., London: Karnac, 1989)

Forster, E. M. (1924), *A Passage to India* (Harmondsworth, Middlesex: Penguin, 1974);
deutsch: *Auf der Suche nach Indien* (Frankfurt: Fischer TB, 1994)

Frank, Anne (1942–1944), *Das Tagebuch der Anne Frank* (Frankfurt: Fischer TB, 1988)

Freud, Sigmund (1914c), »Zur Einführung des Narzißmus«, in: *Studienausgabe* Bd. 3 (Frankfurt: S. Fischer, 1975), S. 37–68

Freud, Sigmund (1917e [1915]), »Trauer und Melancholie«, in: *Studienausgabe* Bd. 3 (Frankfurt: S. Fischer, 1975), S. 193–212

Freud, Sigmund (1919a [1918]), »Wege der psychoanalytischen Therapie«, in: *Studienausgabe,* Ergänzungsband (Frankfurt: S. Fischer, 1975), S. 239–249

Freud, Sigmund (1927c), *Die Zukunft einer Illusion,* in: *Studienausgabe* Bd. 9 (Frankfurt: S. Fischer, 1974), S. 135–189

Gillespie, W. (1990), »Reminiscences«, *International Review of Psycho-Analysis,* 17. Jg. (1990)

Graves, Robert von Ranke (1960), *Griechische Mythologie.* Quellen und Deutung (Reinbek: Rowohlt, 1990)

Greene, Graham (1980), *Ways of Escape* (Sydney and Toronto: Bodley Head, 1980);
deutsch: *Fluchtwege* (Wien: Zsolnay, 1981)

Hesse, Hermann (1927), *Der Steppenwolf,* in: *Gesammelte Werke* in 12 Bänden, Bd. 7 (Frankfurt: Suhrkamp, 1987)

Husserl, Edmund (1939), *Erfahrung und Urteil.* Untersuchungen zur Genealogie der Logik (Hamburg: Meiner, 1972)

Jung, C. G. (1935), *Über Grundlagen der analytischen Psychologie* (Tavistock Lectures), in: *Gesammelte Werke,* Bd. 18.1 (Olten und Freiburg: Walter, 1993), S. 87–111

Keneally, Thomas (1983), *Schindler's Ark* (Sevenoaks: Coronet Books, 1983);
deutsch: *Schindlers Liste* (München: Goldmann, 1994)

Kernberg, Otto F. (1984), *Severe Personality Disorders* (New Haven, London: Yale University Press, 1984);
deutsch: *Schwere Persönlichkeitsstörungen* (Stuttgart: Klett-Cotta, 1988)

Klein, George, *Psychoanalytic Theory*

(New York: International University Press, 1979)

Klein, Melanie (1940), »Mourning and its Relation to Manic-Depressive States«, in: *Contributions to Psycho-Analysis*, 1921–1945 (London: Hogarth Press and the Institute of Psycho-Analysis, 1950, S. 311–338;
deutsch: »Die Trauer und ihre Beziehung zu manisch-depressiven Zuständen«, in: *Das Seelenleben des Kleinkindes und andere Beiträge zur Psychoanalyse* (Stuttgart: Klett, 1962), S. 72–100

Klein, Melanie (1963), »On the Sense of Loneliness«, in: *The Writings of Melanie Klein,* Bd. 3 (London: Hogarth Press, 1963)

Kohut, Heinz (1971), *The Analysis of the Self: A Systematic Approach to the Psychoanalytic Treatment of Narcissistic Personality Disorders* (New York: International University Press, 1971);
deutsch: *Narzißmus. Eine Theorie der Behandlung narzißtischer Persönlichkeitsstörungen* (Frankfurt: Suhrkamp, 1976)

Kohut, Heinz (1984), *How does Analysis Cure?* (Chicago: University of Chicago Press, 1984);
deutsch: *Wie heilt die Psychoanalyse?* (Frankfurt: Suhrkamp, 1987)

Lasch, Christopher (1979), *The Culture of Narcissism* (New York: W.W. Norton);
deutsch: *Das Zeitalter des Narzißmus* (München: Steinhausen, 1980)

Lewis, Clive S. (1988), *Surprised by Joy* (Glasgow: Collins, 1988);
deutsch: *Überrascht von Freude.* (Gießen: Brunnen, 1992)

Maugham, Somerset (1963), *The Summing Up* (London: Pan, 1963)

May, Rollo, »The Origins and Significance of the Existential Movement in Psychology«, in: *Existence. A New Dimension in Psychiatry and Psychology* (New York: Touchstone, Simon & - Schuster, 1958)

Rahner, Karl, *Zur Theologie des Todes* (Freiburg: Herder, 1963)

Rosenfeld, Herbert A. (1987), *Impasse and Interpretation* (London: Tavistock Press and the Institute of Psycho-Analysis, 1987);
deutsch: *Sackgassen und Deutungen* (München, Wien: Internationale Psychoanalyse, 1990)

Searles, H., »The Patient as Therapist to His Analyst«, in: Peter Giovacchini (Hg.), *Tactics and Techniques in Psychoanalytic Therapy,* Bd. 2: *Countertransference* (New York: Jason Aronson, 1975)

Tausk, Victor, »On the Origin of ›Influence Machine‹ in Schizophrenia«, *Psychoanalytic Quarterly,* 2. Jg. (1919), S. 519–556;
deutsch: »Über die Entstehung des ›Beeinflussungsapparates‹ in der Schizophrenie«, *Internationale Zeitschrift für Psychoanalyse* (1919), S. 1–33; Repr. in: *Gesammelte psychoanalytische und literarische Schriften* (Wien: Medusa, 1983), S. 254–286

Tolstoj, Lew (1873–1877), *Anna Karenina* (Zürich: Diogenes, 1985)

Tustin, Frances (1972), *Autism and Childhood Psychosis* (London: Hogarth, 1972)

Tustin, Frances (1981), *Autistic States in Children* (London: Routledge & Kegal Paul, 1981);
deutsch: *Autistische Zustände bei Kindern* (Stuttgart: Klett-Cotta, 1989)

Winnicott, Donald W. (1956) »The Antisocial Tendency«, in: *Collected Papers: Through Paediatrics to Psycho-Analysis* (London: Tavistock; repr. Hogarth Press, 1975; repr. Karnac Books, 1991);
deutsch: *Von der Kinderheilkunde zur Psychoanalyse.* Aus den ›Collected Papers‹ (Frankfurt: Fischer TB, 1994)

Winnicott, Donald W. (1971), *Playing and Reality* (London: Tavistock Publications, 1971);
deutsch: *Vom Spiel zur Kreativität* (Stuttgart: Klett-Cotta, 1993)

Wodehouse, Pelham G. (1975), *The Inimitable Jeeves* (Harmondsworth: Penguin Books, 1985);
deutsch: *Jeeves ist eine Klasse für sich* (München: dtv, 1992)